Solange Duflos
unter Mitarbeit von René Brandicourt

Der Wald lebt

Streifzüge durch die Natur

Herder Freiburg · Basel · Wien

Die Vielfalt unserer Wälder

Können wir uns vorstellen, daß ganz Mitteleuropa einmal so dicht von Wäldern bedeckt war, daß ein Eichhörnchen von der Weser bis zum Rhein oder von der Elbe bis zur Oder von Baum zu Baum hätte springen können, ohne auch nur ein einziges Mal den Boden zu berühren?

Es ist gar nicht so leicht, sich ein Bild von diesem ungeheuren Urwald zu machen, wie es ihn noch im frühen Mittelalter gab. Zahlreiche Märchen und Legenden schildern die Furcht der Menschen, wenn sie in die weglosen Finsternisse der Wälder eindrangen, wo es von wilden Tieren wimmelte, wo überall Gefahr lauerte. Vielleicht steckt auch in uns noch etwas von der Furcht unserer Vorfahren und läßt immer wieder ein beklemmendes Gefühl in uns aufsteigen, sobald wir uns tief in einen Wald hineinwagen.

Heute kennen wir solche ausgedehnten mittelalterlichen Waldgebiete kaum noch. Die Bäume mußten weichen, als der Mensch den Boden urbar machte. So bedeckten zu Anfang des vorigen Jahrhunderts die Wälder in Frankreich nur noch ein Gebiet von 8 Millionen Hektar. Seither ist die Fläche durch Aufforstung der Wälder wieder auf 14 Millionen Hektar angewachsen. In Deutschland begann die Neubewaldung schon hundert Jahre früher. Doch wurde dabei der Anteil der Laubbäume noch lange weiterverringert, so daß unsere Wälder heute zu zwei Dritteln aus Nadelbäumen bestehen, während im Mittelalter der Laubwald vorherrschte. Der Waldbestand in beiden Teilen Deutschlands beträgt heute etwa 10 Millionen Hektar. In diesem ursprünglichen und natürlichen Lebensraum gibt es für uns zu jeder Jahreszeit eine Fülle zu entdekken, nicht nur in den großen Forsten, auch in den kleinen Wäldern unseres Landes.

Manche Bäume kennen wir. Aber wissen wir auch etwas von der langen Geschichte ihres Lebens in all seinen Erscheinungen? Wissen wir zum Beispiel, daß Bäume vielen Lebewesen Obdach und Nahrung bieten, von den Wurzeln bis hinauf in die höchsten Zweige, unter der Rinde und bis ins Holz hinein? Daß das Fallen der Blätter von der Länge der Tage abhängt? Daß sich die Bäume, so unbeweglich sie auch dastehen, über große Entfernungen hinweg fortpflanzen können, weil ihre Samen von Vögeln, Säugetieren oder vom Wind davongetragen werden? Und daß sie so hartnäckig sind, daß sie immer wieder versuchen, den Raum, den der Mensch ihnen nimmt, zurückzuerobern?

Der Gartenschläfer, der sich oft in einem verlassenen Nest einrichtet, frißt gern Früchte und Schößlinge, Knospen, Samen, Bucheckern und Haselnüsse. Er bereichert seine Kost durch Insekten, Larven, Spinnen und nimmt wohl auch einmal einen jungen Vogel aus dem Nest.

Das zierliche Rotkehlchen müht sich, das sehr viel größere, gefräßigere Junge eines Kuckucks zu ernähren. Zuvor hat das Kuckucksweibchen ein Ei in das gutversteckte Nest gelegt. Der ungebetene Gast, der als erster aus dem Ei geschlüpft ist, ist rasch kräftig geworden und hat die Jungen und die Eier des Rotkehlchens hinausgeworfen. Dennoch füttert das Rotkehlchen den jungen Kuckuck weiter, bis er flügge ist, ja sogar noch danach, wenn er, wie hier, das Nest bereits verlassen hat.

Bäume sind ein kostbares Geschenk der Natur an uns alle. Der grüne Wald reinigt die Luft; er bindet den Staub, schluckt den Lärm und bildet einen einzigartigen Windschutz; er zerteilt die Luftströme, zwingt sie aufzusteigen und bietet so den Pflanzen auf Äckern und Feldern einen Schutzschirm.

Im Gebirge halten die Bäume das Erdreich an den Steilhängen fest. Mit ihren Wurzeln krallen sie sich tief in den Boden und umklammern Fels und Geröll. So verhindern sie die Bildung von Erdrinnen durch Wolkenbrüche und das Abschwemmen der fruchtbaren Humusschichten. Auch das Laub mildert die Heftigkeit von Regenfällen, die sonst den Boden rasch auswaschen würden. Statt dessen versickert das Regenwasser langsam im Humus des Waldbodens und sorgt dort selbst in Dürrezeiten für eine anhaltende Feuchtigkeit. Dies wiederum ist für die benachbarten Felder sehr nützlich, denn durch die Verdunstung liefern die Bäume einen guten Teil der Luftfeuchtigkeit, die die Landwirtschaft benötigt. In den Alpen bilden bewaldete Hänge einen wirksamen Schutzwall gegen Lawinen und Steinschlag.

Dieses Buch möchte dazu beitragen, daß wir den Wald besser kennen- und schätzen lernen, seine Geheimnisse und die Vielfalt dieses Lebensraumes. Gleichzeitig möchte es den Leser ermuntern, selbst etwas zu tun und in der Natur auf eigene Forschungen auszugehen.

Der Buntspecht der Nadel- und Mischwälder sucht seine Beute in der Rinde von Baumstämmen. Er klettert in weiten Spiralen an ihnen empor und findet Halt, indem er sich auf die starren Steuerfedern seines Schwanzes stützt.

Die Drosseln sind tüchtige Schneckenfresser: die Schneckengehäuse zerschlagen sie auf einem Stein.

Ein sonniger Waldweg lädt zu mancherlei Entdeckungen ein…

In der Fabrik des Lebens

Der Grünspecht, ein großer Ameisen-Liebhaber, sucht seine Nahrung in Baumstümpfen, „trommelt" jedoch auf die Rinde von Bäumen, um die Insekten hervorzulocken.

Das Biotop dieses alten Baumstumpfes bietet zahlreichen Pflanzen und Insekten, die an der Zersetzung mitwirken, Obdach (Bild: unten rechts).

Diese haarigen Raupen, die ein Eichenblatt zerfressen, sind „Primärverbraucher".

Eine gewaltige Fabrik, in der Leben entsteht, das ist der Wald tatsächlich. Die Bezeichnung Fabrik ist nicht übertrieben, wenn man an die Unmenge von Pflanzen denkt, die darin wachsen und die Lebensquelle für so viele und mannigfaltige Geschöpfe sind.

Die Stille, die uns umfängt, wenn wir an einem schönen Tag durch den Wald gehen, darf uns nicht täuschen. Jedes Mitglied der Waldgemeinde ist voll beschäftigt: es produziert und konsumiert, oft unbemerkt, aber unermüdlich. Wie in einer Fabrik werden all diese Tätigkeiten von einer Kraftquelle in Betrieb gehalten. Und die ist unerschöpflich, es ist die Sonne!

Die strahlende Kraft wird zunächst durch die Photosynthese verwandelt, ein Vorgang, der mit Hilfe des Blattgrüns, des Chlorophylls, in den Geweben der Stengel und Blätter aller grünen Pflanzen abläuft. Dank diesem Chlorophyll, das ihnen ihre Farbe verleiht, stellen die grünen Pflanzen aus Kohlendioxid, das sie der Luft entnehmen, sowie aus Wasser und Mineralsalzen, die sie mit ihren Wurzeln aus dem Boden saugen, organische Stoffe her.

Diese Herstellung lebendiger Materie, die wir bei allen Pflanzen finden, ist in den großen Wäldern und Forsten beträchtlich wegen der kaum vorstellbaren Masse des Laubes, das sich vom Boden an manchmal bis zu 30 und 40 m Höhe erhebt. Eine ungeheure Menge, gewiß, doch mehr noch, es ist die pflanzliche Grundlage, vielleicht können wir sogar sagen: der Rohstoff für eine eindrucksvolle Menge tierischer Materie. Gemeint sind jene Tiere, die sich unmittelbar von den Produkten des Waldes ernähren: von Blättern, Blüten, Pollen, Früchten, Samen. Von ihnen ernährt sich eine ganze Reihe von Tieren: nektartrinkende oder holzfressende Insekten, körnerfressende Vögel, pflanzenfressende Säugetiere, unzählige kleine Nager. Diese Tiere, die die von den Pflanzen „produzierte" Urnahrung verzehren, sind die „Primärverbraucher" des Waldes. Insgesamt sind sie sehr viel zahlreicher als auf der Wiese, weil sich dort die Pflanzen nur wenig über den Boden erheben und zum großen Teil regelmäßig abgemäht oder durch Kulturpflanzen ersetzt werden.

All diese Pflanzenfresser werden ihrerseits von räuberischen Tieren verzehrt: von Insekten, Lurchen, Reptilien, Vögeln, fleischfressenden Säugetieren, die zum Leben vielseitigere Nahrung brauchen. Das sind die ebenfalls sehr zahlreichen „Sekundärverbraucher".

Wie in jeder Fabrik gibt es auch im Wald viel Abfall, um so mehr, als sich auf dem nicht von der Landwirtschaft genutzten Boden, der sich selbst überlassen bleibt, alles ansammelt, was herunterfällt: von verwelkten Blüten bis zum vorjährigen Laub und zu Tierkadavern. Aber Pflanzen und Tiere, die im Waldboden leben, greifen diese Abfälle an, zersetzen die organischen Stoffe, von denen sie sich ernähren, und geben Mineralien frei, die dann in den Kreislauf des Lebens zurückkehren und den Humus bereichern.

So hält sich von der Produktion der lebenden pflanzlichen Materie bis zur Wiederaufbereitung der Abfallstoffe, dem „Recycling", in diesem gewaltigen Biotop (von *bios:* Leben und *topos:* Ort) alles im Gleichgewicht. Man nennt dies das Ökosystem des Waldes.

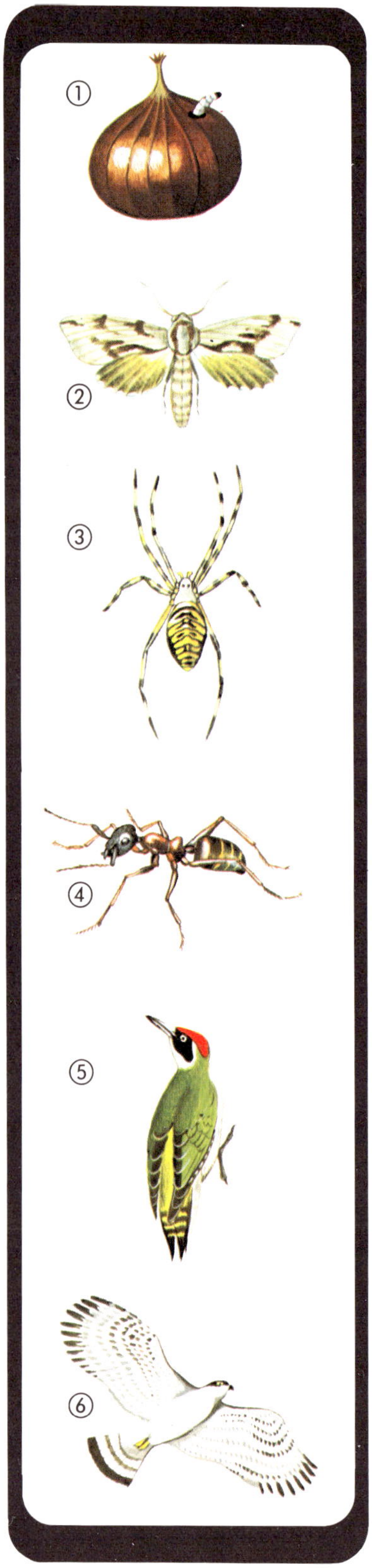

Von dieser madigen Eßkastanie ① hat sich die Raupe des Wicklers ② ernährt. ③ Die Spinne wird ihn fangen und aussaugen; die Roten Waldameisen werden sie auffressen ④. Diese sind ein Leckerbissen für den Grünspecht ⑤, der schließlich zur Beute des Habichts wird ⑥.

Strandkiefern im Südwesten Frankreichs (Landes), wo man den größten künstlichen Wald Europas mit einer atlantischen Unterart dieses Nadelbaumes angebaut hat. Diese Kiefer ist der beste Harzlieferant.

Immer das gleiche und immer wieder neu

◆ Seit Jahrtausenden sind die Lebewesen des Waldes voneinander abhängig. Das zeigen auch die vielen Nahrungsketten, von denen links ein Beispiel zu sehen ist.

◆ Und dennoch entwickelt sich der Wald im Lauf der Zeit. Das Eingreifen des Menschen hat Vor- und Nachteile für ihn. Seine planvolle Nutzung geschieht in Frankreich schon seit tausend, in Deutschland seit etwa siebenhundert Jahren. Um 1300 finden wir in einigen Gebieten Süddeutschlands die erste Forstwirtschaft. Die Eingriffe des Menschen in die unberührte Natur nahmen zu und führten zu einem regelrechten Raubbau, der Ende des 18. Jahrhunderts seinen Höhepunkt erreichte.

Natürlich stehen aus jener Zeit nur noch wenige Bäume. In Deutschland wird inzwischen immer mehr Ödland aufgeforstet. Nach dem Ersten Weltkrieg hat man die von den langen Kämpfen zerstörten Böden der französischen Maasgebiete mit der als Pionier besonders geeigneten Schwarzkiefer und mit Fichten bepflanzt. Diese Bäume haben inzwischen einen Waldboden geschaffen, der jetzt zur Reife kommt. Nun wird man ihn besser nutzen und die Nadelhölzer allmählich durch Rotbuchen, Laubbäume von edlem Wuchs, ersetzen können. Heute erwirbt der Staat im Gebirge und an der Küste Gebiete, die von Erosion bedroht sind, um sie durch Bepflanzung zu retten.

◆ Die Staatsforsten werden von unseren Forstverwaltungen mit größter Sorgfalt gepflegt. Der Waldbestand beträgt gegenwärtig in der Bundesrepublik Deutschland 29% der Bodenfläche, in der DDR 25%, in der Schweiz 24% und in Österreich 38%.

Diese Schwarzwald-Tannen bieten einen völlig anderen Anblick als der Kiefernwald.

BÄUME SIND WÄHLERISCH

Jeder Baum hat eine bestimmte Gestalt, bestimmte Merkmale, gewissermaßen ein Gesicht. Doch wer hätte gedacht, daß er auch eigene Launen besitzt, besondere Ansprüche stellt und durchaus eine Vorliebe für bestimmte Lebensräume zeigt?

Manche junge Bäume können nicht gedeihen, wenn sie nicht voll im Licht stehen. Flaum-Eiche, Wald-Kiefer, Fichte, Pappel, Aleppo-Kiefer, See-Kiefer, Birke und Lärche sind, in aufsteigender Reihenfolge, *„Sonnenbäume"*, die ohne Licht nicht auskommen.

Andere Sonnenpflanzen vertragen das Laubdach ausgewachsener Bäume, wenn es nicht zu dicht ist. Feld-Ahorn, Esche, Edelkastanie, Ulme, Immergrüne Eiche gehören dazu.

Weißbuche, Schneeballblättriger Ahorn und Fichte brauchen in ihrer frühen Jugend ein Dach, das hohe Bäume über ihnen ausbreiten. Es sind *Halbschatten-Gewächse*, während Tanne und Rotbuche, die unbedingt ein dichtes Laubdach brauchen, um kräftig einzuwurzeln, *Schattenbäume* sind.

Letztere vertragen Fröste, direkte Sonneneinstrahlung und Trockenheit des Bodens schlecht, während die Sonnenbäume extreme Temperaturen nicht übelnehmen. Fichten und Wald-Kiefern können, ohne Schaden zu nehmen, Fröste bis $-50°$ aushalten.

Für Rotbuche, Linde, Stiel-Eiche, Tanne und Fichte muß die Luft feucht sein, während Immergrüne Eiche und Linde trockene Atmosphäre beanspruchen.

Die Bäume passen sich häufig Bedingungen an, die nicht ideal für sie sind. Diejenigen, die in praller Sonne auf kargem Boden wachsen, werden auch eine gewisse Beschattung vertragen, vorausgesetzt, der Boden ist gut.

Die Bodenbeschaffenheit ist von größter Bedeutung. Edelkastanie, Kork-Eiche, See-Kiefer siedeln sich auf sandigen Böden an, weil sie kalkhaltige Böden nicht vertragen, während beispielsweise die Flaum-Eiche diese sehr schätzt.

Auch die Struktur des Bodens, die das unterirdische Zirkulieren von Luft und Wasser bestimmt, spielt eine Rolle. Böden mit starker Humusschicht eignen sich für Eichen, die dort ihre Wurzelgeflechte tief einsenken können. Böden mit dünnerer Humusschicht sind gut für Kiefern und Fichten, die ihre „kriechenden" Wurzeln dicht an der Oberfläche ausbreiten. Sehr trockene Böden sind für Kiefern geeignet, während überreich bewässerte Gebiete ein Ort für Erlen und Weiden sind.

Die Bäume gruppieren sich nach ihren Bedürfnissen und prägen damit das Bild der kleinen und großen Wälder. Häufig ist dann die Rede von „Eichenwald", „Buchenwald", „Tannenwald".

Zwei Typen der Waldgruppierung sind in Mitteleuropa weit verbreitet: die Rotbuchen-Eichen- und die Eichen-Weißbuchen-Wälder. In diesen Wäldern gewähren die Buchen und Eichen oft noch einigen Nadelhölzern Obdach. Ihr Unterholz ist reich an Sträuchern, Kräutern und Blumen, Lebensstätte einer vielfältigen Tierwelt. Diese Waldtypen finden sich in vielen kleinen Wäldern und Baumgruppen wieder, oft sogar ganz in unserer Nachbarschaft.

DIE BESTEN KLETTERER

Die Hänge der Gebirge unseres Landes sind das Reich der Nadelbäume. Wenn Rotbuchen und Eichen zusammen mit Waldkiefern noch in 600 bis 900 m Höhe das Terrain beherrschen, so nehmen Tannen und Fichten schon die nächste Leitersprosse ein. Weiter oben folgen Haken-Kiefern und Lärchen, die viele Gipfel erklimmen. Regelrechte Gipfelstürmer sind jedoch die Latschen-Kiefern, die einzigen Bäume, die bei uns in Höhen von 2300–2500 m noch gedeihen.

Die Höhe bestimmt die Wärme-, Licht- und Bodenbedingungen, an die sich die Bäume anpassen müssen. Auch wenn im Gebirge das Licht sehr rein und sehr intensiv ist, so sinkt die Temperatur dafür um so stärker. Je höher man steigt, desto länger währen die winterlichen Fröste. Die heftigen Regenfälle tragen den vorhandenen Boden ab, wie es auch die Schneeschmelze im Frühjahr tut.

Gewiß, die einzelnen Stufen im Gebirgswald lassen sich nicht mit der Meßlatte bestimmen, und mancherorts können Bodenbeschaffenheit, Lage- und Lichtverhältnisse die Reihenfolge der Kletterer verändern. Die besten Kletterer widerstehen auch starken Frösten und leben auf magerem Boden.

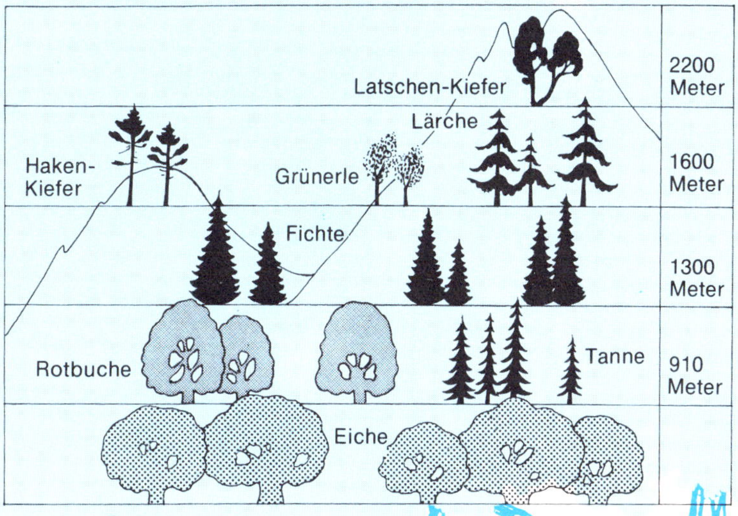

Die Welt der Bäume

Nach dem Fällen der Bäume, die alt genug für die Nutzung ihres Holzes sind, gewinnen junge Bäume und Sämlinge an Kraft, weil sie plötzlich sehr viel Sonnenlicht erhalten. Auch die Weidenröschen beeilen sich und überziehen die Waldlichtung bald mit ihrem Purpur.

UMKÄMPFTE LEBENSRÄUME

Im Wald braucht alles, was lebt, Raum; jede Pflanze kämpft um ihr Licht und ihren Boden. Für die Pflanzen spielt sich dieser Kampf in einer Reihe von *Schichten* für die oberirdischen Organe ab, während die unterirdischen Organe (Wurzeln, Wurzelstöcke, Knollen) mehr oder weniger tief das Erdreich erobern.

Die Baumschicht wird gebildet durch die Laubdächer der großen Bäume, der Buchen, Eichen und Kastanien sowie der Tannen und Fichten. Die Dichte dieser Schicht entscheidet über die Menge und die Qualität des Lichts im Unterholz, dessen Entwicklung davon bestimmt wird.

Die Strauchschicht ist weniger hoch und setzt sich aus jungen Bäumen und allen Sträuchern des Waldes zusammen.

Die Krautschicht umfaßt alle Blütenpflanzen und Farne, deren Arten charakteristisch für jeden Waldtyp sind. (Beispielsweise finden wir den Wohlriechenden Waldmeister sehr oft in Rotbuchen-Populationen.)

Die Pilzschicht in Bodenhöhe ist besetzt von den Moosen, Pilzen und Flechten.

Durch die Nutzung des Waldes, zum Beispiel durch das Fällen großer Bäume, können sich die Lebensbedingungen und die Art des Unterholzes verändern, das auf die Abschirmung des Lichts angewiesen ist.

In der einen oder anderen Schicht haben Tiere ihr Zuhause und finden dort Kost und Logis, die ihnen zusagt: angefangen von den verzweigten Höhlen im Erdreich über Lagerstätten und Laubdächer der Büsche bis zu den Blättern, auf denen Parasiten hausen, während im Schutz der Äste und des Laubwerks die Vögel ihre Nester bauen.

Habicht
Horst
Eichhörnchen
Baummarder
mit einem
erbeuteten
Eichhörnchen
Pirol
Waldkauz
Wald-
laubsänger
Kohl-
meise
Bunt-
specht
Mönchs-
grasmücke
Holzbock
Kleiber
Rot-
kehlchen
Nachtigall
Reh
Schnecke
Ameise
Regenwurm
Erdläufer
Maulwurf

1

2

3

4

Aus dem Wörterbuch des Försters

1. Rotbuchen im Frühling

2. Birken im Unterholz

3. In einem Weißbuchenwald

4. Fichten und Lärchen

5. Im Tannenhochwald

5

Der Wald ist kostbar. Man muß dafür sorgen, daß er gesund bleibt. Außerdem wird er von Fachleuten genutzt, den Forstwirten. Sie benutzen Ausdrücke, die zu wissen manchmal ganz aufschlußreich sein kann.

◆ Die Forsten sind unterteilt in *Abteilungen, Jagen* und *Distrikte*, die auf den *Forstkarten* durch Ziffern und Buchstaben bezeichnet werden. Diese Buchstaben und Zahlen kehren auf den *Jagen-* und *Distriktsteinen,* Grenzsteinen zwischen den einzelnen Jagen und Distrikten, wieder. In Frankreich findet man häufig die hier abgebildete Bezeichnung: Farbe und Nummer. Wenn man einen Förster trifft, erklärt er einem sicher gern die Jagensteine.

◆ Zwischen den Abteilungen, Jagen und Distrikten gibt es ein Wegenetz, die *Gestelle* oder *Schneisen,* die gleichzeitig dem Feuerschutz dienen. Die Hauptschneisen sind meist befahrbar und führen in der Ebene fast immer von West nach Ost, während die Nebenschneisen im rechten Winkel dazu verlaufen.

◆ Im reinen *Hochwald* finden sich nur Bäume, die sich aus Samen entwickelt haben *(Kernwüchse),* sie werden geschlagen, wenn sie das vorgesehene Alter erreicht haben. Wenn der Forstwirt sie schlagen läßt, sorgt er sofort dafür, daß junge Bäume zur Auffrischung des Hochwaldes gepflanzt werden.

◆ Im *Niederwald* entwickeln sich die hohen Bäume aus den Wurzeln und Stöcken der gefällten, meist jüngeren Bäume *(Stockausschlagbetrieb).* Das Fällen der Bäume im Niederwald nennt der Forstwirt *Abtrieb.* Der Nachwuchs, der aus den *Stubben,* den Wurzelstöcken, austreibt, *Nachtrieb* genannt, wird für die maschinell betriebene Kleintischlerei verwendet. Aus selbst ausgesäten Samen entstandene *Reiser* zieht man zu Bäumen heran, die für Bau- und Möbeltischlerei, bisweilen sogar für Gebälk geeignet sind.

◆ *Mittelwald* ist eine Zwischenform. Die untere Stufe entsteht durch Stockausschlag, die obere aus hochgewachsenen Stämmen des Niederwaldes, ergänzt aus nachgewachsenen Kernwüchsen.

◆ In der Bundesrepublik Deutschland gibt es 42% Privatwald (vor allem in Nordrhein-Westfalen und Schleswig-Holstein; 31% Staatswald (besonders in Hessen und Niedersachsen); und 27% Gemeinde- und Körperschaftswald (in Rheinland-Pfalz und Baden-Württemberg).

Auslichten von Eichen im Wald.

Unten: Bezeichnung eines Jagens (einer Parzelle) in Frankreich. Diese Bezeichnung kehrt auf der Forstkarte wieder.

Die Ausrüstung des Waldläufers

Wer nur den Wald durchstreifen will, dem genügt eine einfache Ausrüstung: gute Wanderschuhe und ein kräftiger Stock, der sich zum Abstützen und zum Überspringen mancher Hindernisse oder auch zum näheren Untersuchen von Dingen eignet. Für ausgedehnte Wanderungen sind Regenmantel und lange Hosen besser als Shorts oder kurze Kleider.

Doch ein richtiger Waldläufer braucht noch mehr. Er wird nicht bei jedem Streifzug alles benutzen, aber es ist gut, wenn er es zur Verfügung hat.

Für unterwegs:

◆ ein gutes Taschenmesser;
◆ eine Baumschere;
◆ Plastikbeutel oder einen leichten Korb für die „Ernte";
◆ Bindfaden;
◆ einen Zollstock (besser noch ein Maßband) oder, wenn man das nicht hat, einen Bindfaden mit Knoten im Abstand von je 10 cm;
◆ Streichholzschachteln und saubere Plastikröhrchen (von Medikamenten) oder Käseschachteln, um Proben von Früchten, Körnern und Insekten mitzunehmen, die man zu Hause beobachten will;
◆ eine Trillerpfeife, um sich untereinander zu verständigen, wenn man zu mehreren unterwegs ist;
◆ ein Notizheft mit Stiften (schwarz und bunt);
◆ einen kleinen Zeichenblock für Skizzen und Zeitungspapier, um Pflanzen für das Herbarium oder für Dekorationen darin aufzubewahren.
◆ einen Kompaß;
◆ eine Lupe;
◆ ein Paar alte Lederhandschuhe für die Arbeit im Gebüsch, damit man sich die Hände nicht verletzt.

Wer ein Fernglas oder einen Fotoapparat besitzt, kann bemerkenswerte Vorgänge und Gegenstände, die sonst schwer zugänglich sind, beobachten oder fotografieren.

Zum Gebrauch daheim:

◆ Schachteln, Tablettenröhrchen und kleine Flaschen, um die Ausbeute zu ordnen;
◆ Einmachgläser für einfache Aufzuchten (Insekten und ihre Larven);
◆ ein Gerät für Abgüsse: leichten Karton, Gips, ein Gefäß für Wasser, einen Napf oder eine alte Tasse, um den Gips anzurühren (beschrieben im Band „Die Wiese lebt", Seite 19);
◆ Wäscheklammern, Pinzette, Federzange, um kleine Dinge festzuhalten oder zu befestigen;
◆ eine gewöhnliche Schere oder Stickschere;
◆ einige Rasierklingen oder ein Skalpell für verschiedene Präparate (aufpassen, daß man sich nicht schneidet!);
◆ Leim und Klebestreifen;
◆ viel Zeitungspapier als Unterlage, damit nichts schmutzig wird, und zum Trocknen der Pflanzen;
◆ Löschpapier zum gleichen Zweck;
◆ Kartonpapier, um schöne Funde gut zur Schau zu stellen;
◆ einige Blatt Zellophan oder andere durchsichtige Bogen;
◆ eine Presse, die man sich leicht selbst machen kann (siehe Seite 36);
◆ ein Vivarium für größere Aufzuchten;
◆ Untertassen und Blumentöpfe aus Ton für Versuchspflanzen;
◆ Wer über ein Mikroskop verfügt (50fache Vergrößerung reicht völlig aus), kann eine Welt erforschen, die dem unbewaffneten Auge verborgen bleibt.

Jeder Forscher braucht eine Portion Klugheit, Geduld und Vorsicht. Aber trotzdem – nur Mut!

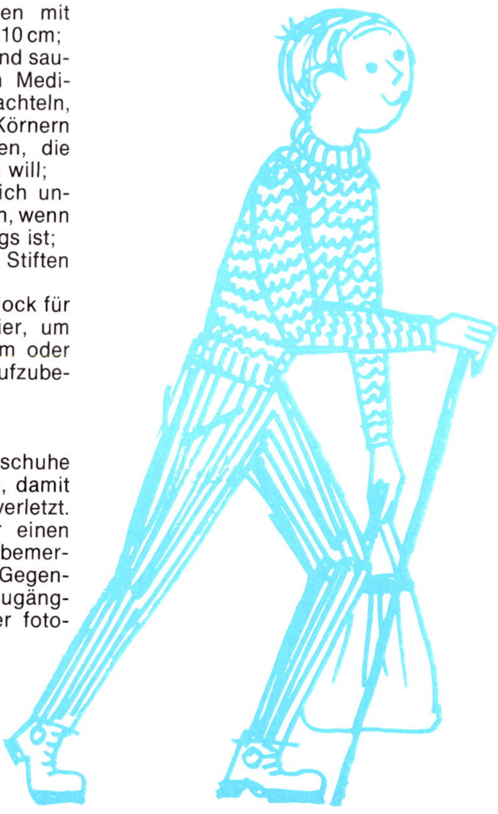

Ein Mäusebussard hat seinen Horst in der Gabel der beiden Hauptäste einer Birke gebaut.

Wie erforscht man den Wald?

Es gibt nur wenige Gegenden, von denen aus man nicht zu Fuß oder mit dem Rad bequem einen kleineren oder größeren Wald erreichen könnte. Überall ist etwas zu sehen und zu entdecken.

Vielleicht fürchtet sich manch einer vor der Tiefe des Waldes, weil er so geheimnisvoll ist, Ursprung und Zuflucht so vieler Lebewesen? Vielleicht hält uns dort, wo nur Nadelbäume stehen und wo alles ernst und düster scheint, sein eindrucksvolles Schweigen zurück? Dann sollten wir nicht zu tief eindringen! Am Waldsaum oder an den Wegrändern kann man die meisten Entdeckungen machen, gerade dort, wo das Licht hinfällt.

Doch zweifellos bietet der Laubwald mit einzelnen Nadelholzgruppen und dichtem Unterholz, das die eine oder andere Lichtung begrenzt, am meisten Grund zum Staunen. Dort begreift man am ehesten, wie eng die Gemeinschaft so vieler pflanzlicher und tierischer Lebewesen ist und daß schon ein einziges Glied dieser Lebenskette die natürlich Ordnung stören und das Leben des Ganzen gefährden kann.

Natürlich wird man seine Expeditionen immer gut vorbereiten. Man sollte die Wege, die man benutzen will, die Lage und die Straßen des Waldes genau studieren und sich dabei, wenn nötig, auch einer Karte bedienen. Die Generalstabskarte oder „Zentimeterkarte", bei der 1 cm einem Kilometer in der Natur entspricht (Maßstab 1:100000), und das Meßtischblatt im Maßstab 1:25000 genügen immer, einige große Achsen festzulegen, die als Radspeichen dienen, um die man seine Kreiswanderungen plant. Am besten notiert man sich die Richtungen, bezogen auf den Ausgangspunkt, denn in einem großen Wald hilft einem vor allem der Kompaß, um sich zu orientieren. Auch die Sonne kann eine Hilfe sein, vorausgesetzt, daß sie scheint: sie geht im Osten auf, im Westen unter und steht am Mittag im Süden. Man muß ihren Standort nach der Stunde des Tages feststellen, dazu ist eine Uhr unentbehrlich.

Doch sollte man sich nicht allzusehr auf die bemooste Seite der Bäume verlassen, von der, wie häufig gesagt wird, die vorherrschend feuchten Winde und der Regen kommen. Selbst wenn man diese Richtung genau kennen würde, müßte man feststellen, daß die Bäume, vor allem die alten, und schon gar in den allzu dichten Wäldern, auf allen Seiten bemoost sein können. Dabei tragen sie verschiedene Moose am Stamm, die nicht alle gleichviel Feuchtigkeit benötigen.

Es ist ratsam, schon am Waldrand eine Marschrichtung zu wählen, die es erlaubt, einen Weg zu überqueren, den man bereits vorher auf der Karte gesucht hat. Man sollte möglichst auch vermeiden, sich allein vom vertrauten Weg zu entfernen. Wenn es dennoch geschieht, sollte man sich untereinander verständigen (eine Trillerpfeife ist wertvoll und behindert wenig), wenn man sich von seinen Gefährten entfernt oder sie aus dem Blick verliert. Wir dürfen auch nicht vergessen, daß die abendliche Dunkelheit im Wald viel rascher kommt als auf freiem Feld.

Es ist vorteilhaft, seine Ausrüstung in einem Brotbeutel zu tragen: dann hat man die Hände frei und kann den Beutel an einen Ast hängen, bevor man ins Dickicht pirscht.

Wir sollten den Wald nicht wie Eroberer betreten, singend, pfeifend, mit großen Schritten ohne Rücksicht auf das, was man zertritt. Wer bedächtig und schweigsam Kräuter und Büsche untersucht, hat viel mehr davon. Der Stock ist nicht dazu da, den Pflanzen die Köpfe abzuschlagen, sondern um vorsichtig Kräuter und Zweige auseinanderzuschieben, welke Blätter zu entfernen, einen Pilz freizulegen ... Wenn es windig ist, geht man gegen den Wind, damit Tiere, die den menschlichen Geruch fürchten, unsere Anwesenheit nicht zu früh wittern.

Vögel kann man ganz früh am Morgen am besten beobachten, Säugetiere dagegen in der Abenddämmerung. Nicht bewegen und die Ohren spitzen! So vernehmen wir die Geräusche des scheinbar schweigenden Waldes. Und dann die Augen offen halten! Nach den Geräuschen erlebt man häufig die Dinge, auf die man gehofft hat, oder auch andere, völlig unerwartete ... Dann heißt es, Zeit und Ort notieren. So lernen wir den Wald immer besser kennen. Und je besser wir ihn kennen, desto mehr werden wir ihn lieben, und desto mehr Entdeckungen werden wir in ihm noch machen.

Zwei Rehe wechseln über einen Waldweg

WELCHER BAUM IST DAS?

Ehe man die Erläuterungen zu den einzelnen Bäumen und kleineren Pflanzen des Waldes liest, sollten wir uns die Skizze unten genau ansehen und uns die Ausdrücke einprägen, denen man bei dieser Lektüre immer wieder begegnen wird.

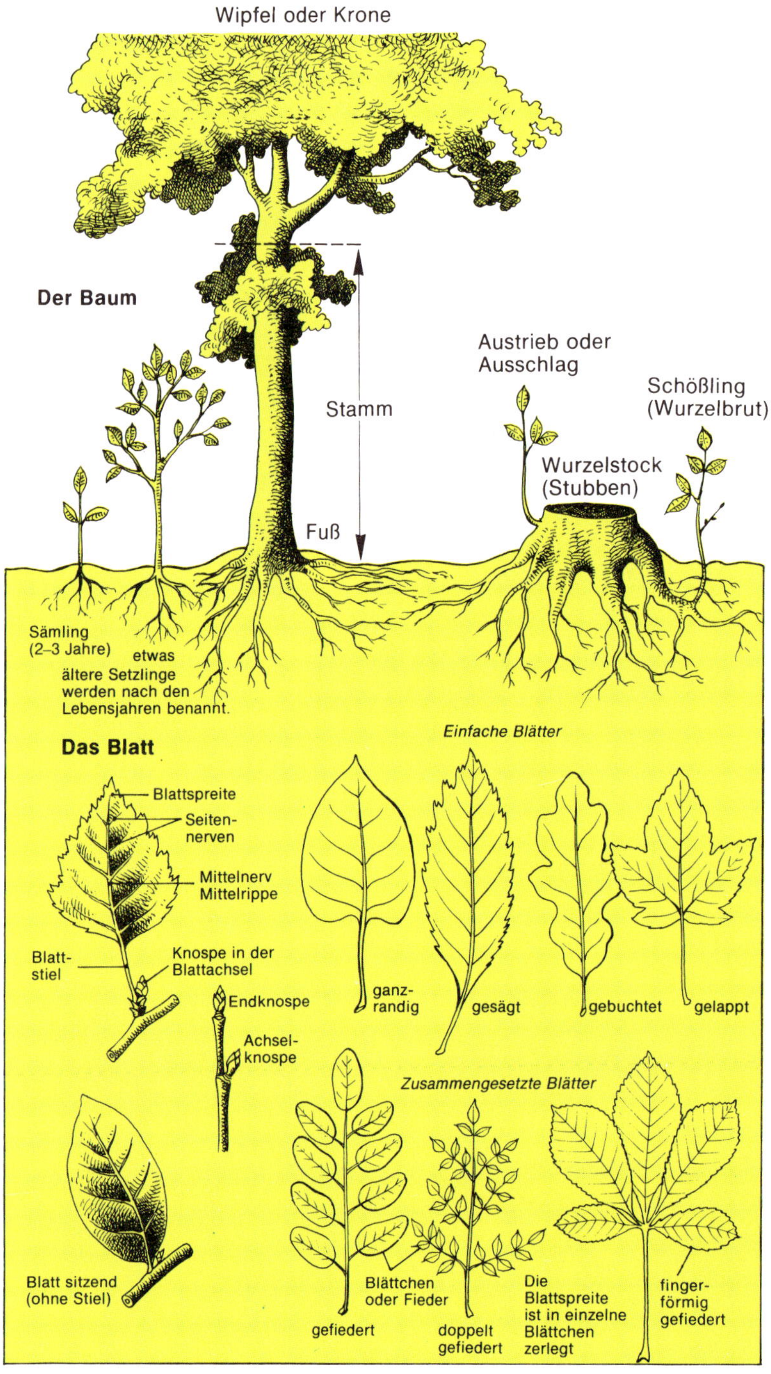

Zuerst stellen wir die Frage: Ist es ein *Nadel-* oder ein *Laubbaum?* Bei den Nadelbäumen sind die Laubblätter nadelförmig und werden im Winter nicht abgeworfen (ausgenommen die Lärche); die Früchte sind kegelförmig, konisch; deshalb nennt man diese Bäume auch *Koniferen;* ihre Gefäße sondern Harz ab.

Andernfalls ist es ein *Laubbaum,* dessen Blätter eine mehr oder weniger ausgedehnte, mehr oder weniger geteilte, aber nicht nadelförmige *Blattspreite* aufweisen. Laubbäume werfen ihr Laub im Winter ab, doch gibt es dabei einige Ausnahmen (Immergrüne Eiche, Scharlach- oder Kermes-Eiche, Ilex oder Stechpalme, alle mit zähen und stachligen Blättern).

Wenn ein Stubben Austriebe zeigt, ist es ein Laubbaumstubben. Die Stubben von Nadelbäumen schlagen niemals aus.

Danach fragen wir uns, was uns bei der Identifizierung des Baumes weiterhelfen kann. Sein allgemeines Aussehen, der Wuchs von Stamm und Ästen, sagt meist nur dann etwas, wenn der Baum ausgewachsen ist und sich ungestört entfaltet hat. Außerdem braucht der Betrachter dazu schon eine gewisse Erfahrung. Also müssen wir uns auch die Rinde ansehen, die Knospen, zur rechten Zeit die Blüten, stets die Blätter und schließlich die Früchte.

Im Winter erkennt man Rinde und Knospen leichter, häufig findet man unter dem Baum auch welke Blätter und oft genug seine Früchte, wenn der Wind sie nicht fortgetrieben oder mit anderen vermischt hat und wenn das Wild sich nicht schon gütlich daran getan hat.

Im Frühjahr können uns die Blüten helfen (vor allem natürlich die Kätzchen). Kleine und unscheinbare Blüten bleiben allerdings häufig unbemerkt.

Im Sommer und Herbst sind es jedoch vor allem Blätter und Früchte, die es am ehesten ermöglichen, einen Baum zu bestimmen.

Hier sind die Formen der wichtigsten Bäume unserer Wälder und ihre Merkmale dargestellt, die es uns möglich machen, die Bäume voneinander zu unterscheiden, auch solche, die sich sehr ähnlich sind.

NADELBÄUME

DIE TANNE[1] (WEISSTANNE)

◆ ist vom Fuß bis zur Spitze gerade, mit waagerechten, in Etagen angeordneten Ästen, rund um den Stamm wie die Speichen eines Rades. Die Astenden sind nicht aufwärts gebogen, und die kleinen Zweige *hängen nicht herab;*
◆ die Rinde ist glatt, bräunlichgrau oder weißlich;
◆ die Nadeln sind sehr kurz, *flach, stechen nicht,* sitzen *paarweise auf dem Zweig* und sind nicht in einer Ebene angeordnet; sie stehen immer einzeln und isoliert wie die Zähne eines Kammes; auf der Unterseite weisen sie *zwei silberweiße Striche* auf und sind breiter, wo sie auf dem Zweig aufsitzen;
◆ der Baum blüht im Mai, Juni. Die einzeln stehenden weiblichen Zapfen ragen *aufrecht* am Außenende der Zweige empor; sie sind im Oktober reif und *lösen sich Schuppen für Schuppen* vom Baum: *niemals Zapfen unter dem Baum!*

DIE FICHTE[1] (ROTTANNE)

(sie wird oft mit der Tanne verwechselt)

◆ ist vom Fuß bis zur Spitze gerade, die Äste in Etagen rund um den Stamm angeordnet (wie bei der Tanne), sind aber *nach oben gebogen* (zum Himmel offen); dadurch heben sich die Zweigspitzen. Die kleinen Zweige rechts und links an den Ästen *hängen* zu beiden Seiten herab;
◆ die Rinde ist glatt und braun; sie wird mit dem Alter dunkler, oft auch schuppig und rissig.
◆ die Nadeln sind hart und *stechen;* sie sind gerippt, fast *rund* und sind einzeln rings um den Zweig angeordnet; wo sie aus dem Zweig herauswachsen, sind sie schmaler;
◆ der Baum blüht im April, Mai. Im Oktober *hängen* die reifen weiblichen Zapfen, am äußersten Ende der Zweige, herab, dann *lösen sie sich als Ganzes* und fallen ab.

DIE LÄRCHE

◆ ihr Stamm ist im Verhältnis zum Gesamtbild dünn, die Aste sind nicht in Etagen angeordnet, sondern stehen einzeln. Die jungen Zweige sind schwächlich und sinken abwärts;
◆ die aschgraue Rinde des jungen Baumes wird im Alter rot und rissig und bedeckt sich mit unregelmäßigen Schuppen;
◆ die Nadeln sind kurz und weich, von sehr hellem Grün; sie bilden kleine Büschel, allerdings nicht bei den jungen Trieben. Im Unterschied zu anderen Nadelbäumen wirft die Lärche im Winter die Nadeln ab;
◆ der Baum blüht im April, Mai und trägt dann gelbliche männliche und rote weibliche Zapfen; wenn sie im Herbst reifen, bilden sie kleine schuppige Kegel von 3 bis 4 cm Höhe, die nach und nach ihre Samenkerne entleeren, aber noch lange am Zweig sitzen können.

1. Wir heben diejenigen Merkmale hervor, die geeignet sind, Verwechslungen zwischen Tanne und Fichte zu vermeiden.

DIE KIEFER

Das Dutzend in Mittel- und Westeuropa heimischer Kiefernarten zeigt starke Unterschiede im Wuchs des Baumes, im Aussehen des Stammes und der Äste sowie in der Farbe der Rinde, doch bei allen Kiefern findet man:

◆ frisch- oder dunkelgrüne, ziemlich fleischige, lange Nadeln (5, 6, sogar bis 15 cm je nach Art), die im Winter nicht abgeworfen werden und *stets* in Gruppen von 2, 3 oder 5 aus der gleichen Blattscheide wachsen – im Gegensatz zu den einzelnstehenden Nadeln der Tannen und Fichten;

◆ diese Bäume blühen im April, Mai und fruchten im September, Oktober; je nach Art tragen sie Zapfen mit dicken Schuppen, von 5 bis 16 cm Länge; häufig stehen diese in Gruppen zu zweien oder dreien, die in 2 bis 3 Jahren reifen.

Oft wird man in Tannen- und Fichtenwäldern einen Moosteppich finden, niemals dagegen in Kiefernwäldern.

LAUBBÄUME

DIE EICHE

◆ das Aussehen des Stammes wechselt von Art zu Art; manche Formen sind Kreuzungen und daher schwer zu erkennen;

◆ die dicke Rinde ist rauh, dunkelgrau und weist tiefe Längsrisse auf;

◆ die einfachen Blätter mit meist sehr kurzem Stiel sind charakteristisch *gebuchtet.*

Die Immergrüne Eiche bildet jedoch eine Ausnahme: Ihre Blätter sind nicht gebuchtet, tragen aber Stacheln an den Rändern, auf der Oberseite sind sie glänzend dunkelgrün, auf der Unterseite graugrün und behaart (siehe Seite 65);

◆ die Eiche blüht im Mai und weist hängende männliche Kätzchen auf; die eirunden weiblichen Blüten sind in einen winzigen Napf eingeschlossen, aus dem der Fruchtbecher entsteht. Die Früchte sind *Eicheln,* die mit dem unteren Ende in dem schuppigen Becher stecken. In manchen Jahren fällt die Fruchtmenge sehr reichlich aus (Vollmast), in anderen ist sie geringer, bis sich der Baum von der allzu großen Fruchtschütte wieder erholt hat.

DIE ROTBUCHE[2]

◆ Ihr *kreisrunder* Stamm ist meist kerzengerade und sehr hoch. Die Zweige tragen typische Knospen: braun, stark *zugespitzt,* spindelförmig, weit von der Achsel entfernt;

◆ die hellgraue Rinde ist glatt;

◆ das ovale *ganzrandige (nicht gesägte)* Blatt mit kurzem Stiel hat feine Haare am Rand und auf den Nerven der Unterseite;

◆ der Baum blüht im April, Mai, doch nicht in jedem Jahr; die männlichen Blüten sind hängende Kätzchen an der Basis der Triebe; die weiblichen Blüten stehen jeweils zu zweien an den Triebenden in einem Becher mit weichen Stacheln, der beim Reifen trocknet, sich vierteilt und zwei braune dreikantige *Bucheckern* freigibt, die einen eßbaren Kern enthalten.

DIE WEISSBUCHE[2] (HAINBUCHE)

◆ der Stamm weist gedrehte Längswülste auf; herabhängende dünne Zweige von leuchtendem Braun tragen kleine *aufsitzende* Knospen mit blondsamtigen Schuppen;
◆ die weißlichgraue Rinde ist rauh und dünn;
◆ das kurzgestielte Blatt mit einem kleinen *spitzen Stipel* (Nebenblatt) am Auswuchs ist länglich; die stark *faltige Blattspreite* weist *fast parallele Nebennerven* auf, die auf der Unterseite behaart sind; das Blatt hat einen *gesägten Rand,* dessen Zähne noch einmal fein gesägt sind;
◆ Der Baum blüht im April, Mai mit grünen, hängenden männlichen Kätzchen und aufrechten weiblichen Kätzchen am Ende der Zweige, aus denen sich kleine *trockene Früchte* in *dreiteiliger becherförmiger Hülle* entwickeln.

DIE ULME[2] (RÜSTER)

◆ der Stamm weist Längswülste auf; die Zweige tragen leicht konische Blattknospen und fast *kugelförmige,* samtige Blütenknospen;
◆ die braune Rinde ist rissig wie bei der Eiche;
◆ das Blatt ist spitz-ellipsenförmig, einfach gesägt, an der Basis spitz und *asymmetrisch;* die Nebennerven sind häufig *verzweigt;*
◆ der Baum blüht im März, April, die rötlichen Blüten stehen in Büscheln sehr dicht am Zweig und bringen winzige trockene Früchte in der Mitte eines pergamentartigen Flügelblattes, das bewimpert ist und an einem Ende einen Einschnitt trägt.

DIE ESCHE

◆ die graugrünen Zweige tragen gegenständige, unpaarig gefiederte Blätter; die Knoten in den Achseln sind kurz, rundlich und *schwarz;*
◆ die Rinde ist glatt, aschgrau und reißt bei zunehmendem Alter;
◆ die gegenständigen Blätter sind aus 9 bis 15 völlig getrennten Blättchen *zusammengesetzt,* die, stets unpaarig, an einem langen Mittelnerv aufsitzen: je zwei stehen sich gegenüber, eins ist am äußersten Ende;
◆ der Baum blüht im Mai, Juni; er bringt trockene, sehr flache Früchte, die mit einem länglichen hautigen Flügel ausgestattet und in Rispen angeordnet sind.

2. Wir heben besonders die Merkmale hervor, nach denen sich Rotbuche, Ulme und Weißbuche am besten unterscheiden lassen.

DIE EDELKASTANIE

◆ der im allgemeinen kurze Stamm trägt dicke, krumme und knorrige Äste; die Zweige weisen kurze, kräftige Knospen auf;
◆ die junge Rinde ist olivgrün mit kleinen weißen Flecken; im Alter wird sie schwärzlichbraun, rauh und zeigt Längsrisse;
◆ das einfache, ziemlich zähe Blatt ist länglich, stark gezähnt und spitz; seine Nebennerven laufen, von der Mittelrippe abgehend, parallel auf die Spitze der Zähne zu; der Stiel ist deutlich abgesetzt, aber kurz;
◆ der Baum blüht im Juni; männliche Kätzchen richten sich in Büscheln am Außenrand der Zweige auf, weibliche an der Basis; der grüne Fruchtbecher umschließt immer drei von ihnen in einer stacheligen Schale; diese entwickeln sich zu drei leuchtendbraunen Eßkastanien und fallen im Herbst zusammen mit der stacheligen Schale ab.

DIE BIRKE[3]

◆ ihr auffälliger Stamm ist schlank und hoch; die Äste tragen lange und dünne, abwärts gerichtete Zweige;
◆ die Rinde ist glatt, *weiß oder silbrig mit schwarzen Flecken* und löst sich *rundherum in schmalen Streifen* vom Stamm.
◆ das einfache Blatt – *fast dreieckig* – ist stark und unregelmäßig gesägt; der Stiel ist lang und elastisch;
◆ der Baum blüht im April, Mai mit lang herabhängenden männlichen Kätzchen und zunächst aufgerichteten weiblichen Kätzchen, die später ebenfalls hängen und trockene Früchte mit *hautigen Flügeln* bringen, die Schmetterlingen ähneln.
◆ Nicht verwechseln mit der Espe (oder Zitterpappel)[3] mit glatter, *gräulicher* und *leicht rissiger* Rinde, fast runden Blättern, gezähnt, doch *nicht mit spitzen Zähnen,* mit ebenfalls langem, elastischem Stiel; diese blüht bereits im März, April, und die langen *roten* Kätzchen bringen *Samenkörner mit Haarschopf.*

DER AHORN

3 Arten, Französischer Ahorn, Berg-Ahorn und Feld-Ahorn, sind in Westeuropa besonders verbreitet:
◆ Äste, Zweige, Knospen sind paarig angeordnet;
◆ die Rinde ist schuppig und löst sich beim Französischen Ahorn in kleinen Fetzen ab;
◆ die Blätter sind *gelappt* und stehen sich auf langen Stielen paarig gegenüber; die Nerven bestimmen die 3 bis 7 Lappen, die mehr oder weniger tief geteilt und je nach Art mehr oder weniger gezähnt sind;
◆ die Blütezeit ist im Mai; die Früchte sind doppelte Spaltfrüchte, in Propellerform geflügelt; nach dem Reifwerden zerfallen sie in zwei „Nasen".

3. Wir heben die Merkmale besonders hervor, die Birke und Zitterpappel voneinander unterscheiden.

Solche und solche Kastanien!

Achtung! Es gibt solche und solche Kastanien! Wir unterscheiden die *Roßkastanie,* die man nicht essen kann, von der *Edel- oder Eßkastanie,* die man geröstet, als Gemüse, Püree oder als Konfitüre (glasierte Maronen) verzehren kann.

Im Herbst bereiten wir Kastanienmarmelade zu: Die Maronen sorgfältig schälen und in leicht gesalzenem Wasser kochen lassen. Danach die feine braune Haut, die sie noch umhüllt, (geduldig!) entfernen und in der Mandelmühle mahlen, damit man einen Brei erhält. Diese Masse mit Zucker im Verhältnis 1 : 1 und einer Vanillestange gut verrühren und kochen lassen, bis die Gelierprobe zeigt, daß die Marmelade streichfähig ist. Danach in Töpfe oder Gläser füllen, wo sie sich einige Zeit hält.

DIE LINDE

- ◆ der kräftige Stamm trägt verzweigtes Astwerk;
- ◆ die schwärzliche Rinde ist dick und rissig;
- ◆ die herzförmigen Blätter haben einen langen Stiel, tragen kurzen Haarflaum und sind in den Nervenwinkeln bärtig; auf der Unterseite sind sie gräulich;
- ◆ die Blütezeit ist im Juni, Juli. Die weißlichgelben, stark duftenden Blüten werden von einem langen Stiel getragen, der bis zur Hälfte mit einem flügelartigen Vorblatt verwachsen ist. Die kugelförmige Frucht ist etwa erbsengroß und weist fünf vorspringende Rippen auf.

DIE MEHLBEERE

- ◆ der glatte Stamm dieses Großstrauches teilt sich bald in stark verzweigte Äste;
- ◆ die schwarzgraue, bisweilen bräunliche Rinde löst sich in Streifen rundherum;
- ◆ das einfache Blatt mit ziemlich langem Stiel ist doppelt gesägt und läuft an beiden Enden spitz zu; die Unterseite ist nicht filzig, und die Nebennerven verlaufen parallel zueinander;
- ◆ der Baum blüht im April, Mai mit überreichen kleinen weißen Blüten; die Scheinfrucht ähnelt einer kleinen Kirsche, ist orange bis scharlachrot und schmeckt nach dem ersten Frost säuerlich und mehlig.

EBERESCHE (VOGELBEERBAUM)

◆ die rötlichbraunen Zweige tragen sehr spitze, weißliche Knospen;
◆ die Rinde weist bei älteren Bäumen Längsrisse auf;
◆ das zusammengesetzte Blatt mit kurzem Stiel ist in gegenständige, sitzende Fiederblätter geteilt, die länglich, völlig voneinander getrennt, fein gesägt und unterseits filzig sind;
◆ der Baum blüht im Mai, Juni; seine weißen Blüten stehen in dichten Doldenrispen und bringen korallrote, erbsenförmige Scheinfrüchte hervor.

DIE ROBINIE (FALSCHE AKAZIE)

◆ der graue Stamm trägt stachlige Zweige; diese Stacheln sind paarweise am Blattgrund angeordnet;
◆ die Rinde ist besonders tiefrissig mit langen Furchen;
◆ das Blatt ist zusammengesetzt und besitzt einen langen Stiel; die ganzrandigen Fiedern sind eiförmig und selbst ebenfalls gestielt (bei Wärme klappen sie entlang der Mittelrippe zusammen, bei Abkühlung breiten sie sich wieder aus);
◆ der Baum blüht im Mai, Juni; die duftenden Blüten bilden hängende Trauben und bringen Schotenfrüchte. Holz, Samen, Rinde und Wurzel sind giftig!

Wer hat gewußt, daß ...

BEI DEN NADELBÄUMEN

◆ die *Fichte* als *Tannenbaum* zu Weihnachten verkauft wird und ausgewachsen bei einem Stammumfang von mehreren Metern am Fuß bis zu 50 m hoch werden kann?
◆ der Wind Fichten viel leichter entwurzelt als Tannen, weil die Fichten schwächere Wurzeln haben?
◆ auf Tannen häufig eine Mistelart schmarotzt, wodurch der Baum an Wert verliert?
◆ die Kiefernzapfen (Kienäpfel) zum Feueranmachen gesammelt werden?
◆ die Knospe der Waldkiefer (Föhre) für Arzneimittel verwendet und dann *Tannen*knospe genannt wird? Bitte nicht unüberlegt von jungen Bäumen abreißen, sonst wird ihr Wachstum gestört; niemals den Spitzentrieb nehmen!
◆ im Gegensatz zur Lärche, die nie von Schmarotzern befallen wird, die Kiefer zu den Bäumen gehört, die am stärksten unter Insekten leiden?

BEI DEN LAUBBÄUMEN

◆ das Laub von vielen Bäumen (Esche, Ulme, Hainbuche, Robinie, Edelkastanie) gutes Futter bildet? Sehr gern fressen die Waldtiere auch Rotbuchenlaub.
◆ die Bucheckern einer 150 Jahre alten Rotbuche in manchen Jahren bis zu 600 Liter Öl liefern können?
◆ daß das Eschenlaub zur Bereitung eines vergorenen Getränkes verwendet wird, in Frankreich „Frênette" genannt, das an Apfelwein erinnert?
◆ die Besen der Straßenkehrer früher aus Birkenreisern gemacht wurden?
◆ der Saft des Ahorns einen eßbaren Zucker liefert, den man in Kanada in großen Mengen von den Bäumen des Zuckerahorns gewinnt?
◆ die Robinie zu Unrecht Akazie genannt wird, während man die Blüten der Echten Akazie im Handel „Mimosen" nennt?
◆ daß man Mehlbeeren und Beeren der Eberesche trocknen kann, um damit im Winter die Vögel zu füttern?
◆ Eicheln, geschält und gebrannt, in manchen Gegenden als Kaffee-Ersatz verwendet werden?

Was man tut . . .
und was man nicht tut

◆ Wir sollten die Ruhe des Waldes genießen, nicht herumschreien, nicht unnütz rufen, keine Transistorradios mitnehmen; das alles würde die Tiere erschrecken und das Waldleben stören. So hören wir auch das Lied eines Vogels, das Summen der winzigen Tiere im Gebüsch und das Rauschen des Windes im Laub besser.

◆ Zweige sind nicht zum Abbrechen da, nicht einmal, um den Weg bei einer Schnitzeljagd oder bei einem Indianerspiel zu markieren. Meist liegt genug totes Holz auf der Erde, so daß man auch auf andere Weise Wegzeichen hinterlassen kann. Wir sollten die Bäume schonen, immer daran denken, daß nach uns noch andere kommen und daß auch die kleinsten Schäden schon so manches Unheil in der Waldgemeinschaft anrichten können.

◆ Wer Rinde von den Bäumen reißt und Inschriften hineinritzt, kennt die Folgen meist nicht. Die Wunden werden nämlich von Insekten heimgesucht, Schmarotzerpilze siedeln sich an und behindern den Wuchs der Bäume und vermindern ihren Wert.

◆ Auch die Knospen sollten wir schonen; sie ermöglichen das Längenwachstum der Zweige, während die grünen Blätter für die Ernährung der Pflanze lebenswichtig sind.

◆ Wer eine Zeltbahn, Decke oder Hängematte befestigen will, sollte keinen Draht rund um einen Baumstamm legen. Der Draht schneidet in Rinde und Holz ein und ruft Wunden hervor, die nie wieder völlig heilen. Schnur oder Seil eignen sich besser und sollten nach Gebrauch wieder entfernt werden.

Aus dem gleichen Grund sollten wir niemals Nägel in einen Baum schlagen. Außerdem kann ein Nagel in einem Baum, wenn er später im Sägewerk einmal verarbeitet wird, Maschinen beschädigen und schwere Unfälle verursachen.

◆ Wer ins Dickicht eindringt, zerstört oft das Gleichgewicht zwischen den Pflanzen des Unterholzes und der Kleintierwelt, die dort zu Hause ist.

◆ Wenn wir im Wald Picknick machen, sollten wir die Reste unserer Mahlzeit nicht einfach herumliegen lassen: Butterbrotpapier, Bindfaden, Schachteln, Flaschen und vor allem Plastikbeutel sind eine Schande für den Wald. Wir sollten daran denken, daß manche Tiere vom Geruch der Speisereste angelockt werden und Schaden nehmen können; schaffen wir die Abfälle also lieber weg!

◆ Wenn wir Jungtiere entdecken sollten, egal ob Säugetiere oder Vögel, sollten wir sie nicht erschrecken und vor allem *nicht anfassen!* Unser Körpergeruch an den Jungen würde die Alten dazu bringen, die jungen Tiere im Stich zu lassen.

◆ Jeder Wald hat einen Eigentümer, auch wenn der Eigentümer oft der Staat, das Land oder die Gemeinde ist. Ohne Genehmigung darf dort kein Holz geschlagen werden, auch das Ausreißen oder Ausgraben junger Pflanzen ist untersagt. Das Sammeln von trockenem Holz, von Wildfrüchten und Pilzen wird nur geduldet, wenn wir von dieser Möglichkeit *sinnvoll* Gebrauch machen.

NICHT VERWECHSELN!

Bei Sträuchern und manchen ganz jungen Bäumen kann man Verwechslungen vermeiden, wenn man sich ein paar Unterscheidungsmerkmale einprägt.

Weißdorn oder *Schlehdorn?* Was ist das für ein stachliger Strauch?

Antwort: Es ist Weißdorn, weil die alte Rinde hellgrau, die jungen Zweige dagegen rötlich ockerfarben, die Stacheln weißlich (Weißdorn!), die Blätter tief geteilt sind. Die in Gruppen auftretenden Scheinfrüchte sind rot, haben einen mittellangen Stiel und etwa die Größe einer Erbse.

Beim Schlehdorn dagegen ist die Rinde dunkelgrau, fast schwarz, die Stacheln sind schwarz (auch Schwarzdorn genannt!), die Blätter nicht geteilt und die dunkelblauen Früchte kleine runde Pfläumchen.

Stechpalme oder *Immergrüne Eiche?* Was ist das für ein Strauch mit den stachligen Blättern?

Antwort: Es ist eine Stechpalme, weil das dunkelgrüne, lederartige Blatt sehr harte und vorspringende Stacheln hat; die Früchte sind rote, gut erbsengroße Beeren.

Die Immergrüne Eiche dagegen hat an den weicheren Blättern borstenartige Stacheln, die kaum schmerzen; sie bringt wie alle Eichen Eicheln hervor.

Goldregen oder *Robinie?* Was ist das für ein Strauch mit den zusammengesetzten Blättern, mit Blüten und Früchten in hängenden Trauben?

Antwort: Es ist Goldregen, weil das Blatt drei Fiedern und der Strauch keine Stacheln hat und weil die Blüten gelb sind.

Bei der Robinie, der falschen Akazie, haben die Blätter dagegen zahlreiche Fiedern; die Zweige haben am Blattgrund gerade und harte Stacheln, und die Blütentrauben sind weiß.

Der Frühling

Gegen Ende des Winters werden die Kätzchen der Haselsträucher am Rand der Schneisen und Wege länger. Sobald der Frühling da ist, öffnen sich die geschwellten Knospen. Wie an diesem Zweig entfalten sich dann die kleinen bräunlich-grünen Blätter mit ihren tief eingezogenen Blattnerven, die wie ziselierte Schmuckstücke aussehen.

Im April leuchtet im Unterholz ein Meer von zarten Buschwindröschen, die abends und bei trübem Wetter ihre Kelche schließen und nach unten neigen. ▶

Die Blätter des Gefleckten Aronstabes – auch Zehrwurz oder Aronsstärke genannt – glänzen über dem welken Laub. Sie sind nicht immer schwarz gefleckt. Das blasse, unten bauchige Hochblatt umhüllt schützend die Blüte, die im Herbst eine dichte Traube kleiner scharlachroter Früchte am oberen Ende des senkrechten Blütenschaftes bildet. Achtung, alles an dieser Pflanze ist sehr giftig!

Der sonnendurchflutete Wald lockt zu einem Spaziergang. Die Eichen, Rot- und Weißbuchen, die Eschen und Birken sind noch kahle Gerippe, die aus dem welken Laub aufragen. Doch aus dieser raschelnden Streu sprießen bereits kleine grüne Triebe hervor, die zarten Spitzen zusammengerollter Blätter, und ein Stück weiter im lichten Wald breiten sich hier und da ganze Teppiche von weißen Blüten aus.

Die Waldblumen nutzen die kurze Zeit zur Blüte, solange die Bäume noch kein Laub tragen. Wenn sich die ersten Blätter an den Bäumen entfalten, haben die meisten Bodenpflanzen schon fast ihren ganzen Lebenskreislauf hinter sich und tragen oft sogar schon Früchte. Sie haben es eilig, denn wenn die mächtigen Bäume erst ihre Laubwipfel ausgebreitet haben, bekommen die kleineren Pflanzen nicht mehr genügend Licht. Im Wald erreicht das Sonnenlicht auf dem Boden nicht einmal ein Prozent von dem, das den Blumen auf Wiese und Feld zuteil wird.

Viele Waldblumen wachsen aus Zwiebeln oder unterirdischen Wurzelstöcken, Knollen und Rhizomen, deren Vorräte immer bereit sind, die Knospen zu ernähren, sobald die Frühjahrssonne da ist. Diese Pflanzen sind „ausdauernd", man findet sie jedes Jahr am gleichen Platz wieder. Wir sollten also ihre ausdauernden unterirdischen Teile nicht unnütz ausgraben, wenn wir sie auch im nächsten Jahr wiedersehen wollen.

Von März an zeigt das Gemeine Lungenkraut seine Blüten, zunächst rosa, dann ins Blauviolett übergehend. Die Entwicklung der Blattrosetten verschiebt die Pflanze auf später.

Im April ist das Laubpolster von neuen glänzenden Blättern durchbohrt, die noch zusammengerollt sind; das sind Aronstab und die leuchtenden Tuffs der Primeln. Überall lachen die glänzenden Goldsterne des Scharbockskrauts und tanzen die dichten Gruppen der Himmelsschlüssel, die hier voller blühen als auf der Wiese. Ihre Blütenkrone ist ohne Duft, flach, schwefelgelb und nicht orange gezeichnet.

Wir können duftende Sträuße von Märzveilchen binden. Die Buschwindröschen bewundert man besser an Ort und Stelle, wenn man nicht sehr rasch zu Haus ist, um sie ins Wasser zu stellen. Es sind zarte Blüten, sie passen sich jedoch jedem Gelände an, und man findet ihren weißen Teppich ebenso im Kiefernwald wie zwischen Eichen und Buchen, soweit der Blick reicht; und sie wachsen ebenso in sehr feuchten Wäldern. Doch dort, wo die Holzeinschläge ein Gebiet völlig entwaldet haben, verkümmert das Buschwindröschen sehr rasch. Von Mitte Mai an braucht man nicht mehr danach zu suchen. Es verschwindet, sobald es die sternförmige Frucht ausgebildet hat.

Der Mai kommt und läßt die prächtigen und duftenden blauen Träubelhyazinthen zu voller Blüte gelangen. Wir betrachten den blattlosen Blütenstiel: die bauchigen Glöckchen sind in einer gekrümmten Traube angeordnet und wenden sich alle nach einer Seite. Die Blätter befinden sich am Grund, sind länglich und kürzer als der Blütenstiel.

Zur gleichen Zeit breiten sich die Polster des Immergrüns aus. Das Immergrün vermehrt sich durch Ausläufer – wie die Erdbeerpflanze; das heißt, seine

Gemeines Lungenkraut

Wohlriechender Waldmeister

Märzveilchen

Diese Weiße Taubnessel – wie übrigens auch die Gelbe – erinnert an die Brennesseln. Aber das Aussehen täuscht: sie brennt keineswegs auf der Haut.

Stiele verlängern sich, liegen auf dem Boden und bilden an mehreren Stellen Wurzeln. An jedem neuen Büschel kleiner Wurzeln entwickelt sich eine neue Pflanze.

Hier ist eine merkwürdige Blume! Der eckige Stengel, zum Bogen gekrümmt, trägt zweizeilig alternierende Blätter mit ungewöhnlichen Nerven am oberen Stielteil. Es ist ein entfernter Verwandter des Maiglöckchens. In den Achseln der Blätter hängen die Blüten, lange weiße Glöckchen, einzeln oder zu zweit an einem Stiel. Nur Hummeln können mit ihrem Rüssel hier eindringen! Es ist das Salomonssiegel. Einige Wochen später erscheint die Frucht: eine bläulichschwarze, ◄ giftige Beere.

Am Ende des Monats könnt ihr ein Sträußchen wohlriechenden Waldmeister schneiden. Das ist ein kleines blühendes Kraut, das den Buchenwäldern treu ist. Es besitzt nicht nur ein Rhizom, allerdings ein ziemlich dünnes, sondern außerdem schlagen die Stiele, die oft auf dem Boden liegen, Wurzeln. So bedeckt die Pflanze oft größere Flächen. Die pflanzenfressenden Säugetiere sind sehr begierig auf den Waldmeister, den man gern im Futterheu hat, weil er die Kuhmilch wohlriechend macht. Man legt ihn auch gerne auf Wäschestücke, die den angenehmen Geruch annehmen. Wenn ihr Waldmeister schneidet, laßt immer einen Teil des Stiels mit einigen Blattquirlen stehen, denn ganz ohne Blätter kann keine Pflanze am Leben bleiben.

Wir können hier natürlich in diesem Buch nur eine Auswahl von Waldpflanzen besprechen. Bestimmt fin-

Das Salomonssiegel verdankt seinen Namen dem Aussehen seines Wurzelstockes (Rhizom). Auf diesem hinterlassen die alten Stiele runde Narben, die wie Siegel aussehen. Die Legende schreibt diese dem König Salomon zu. Jeder Abschnitt des kriechenden, weißlichen Rhizoms entspricht einem Lebensjahr der Pflanze.

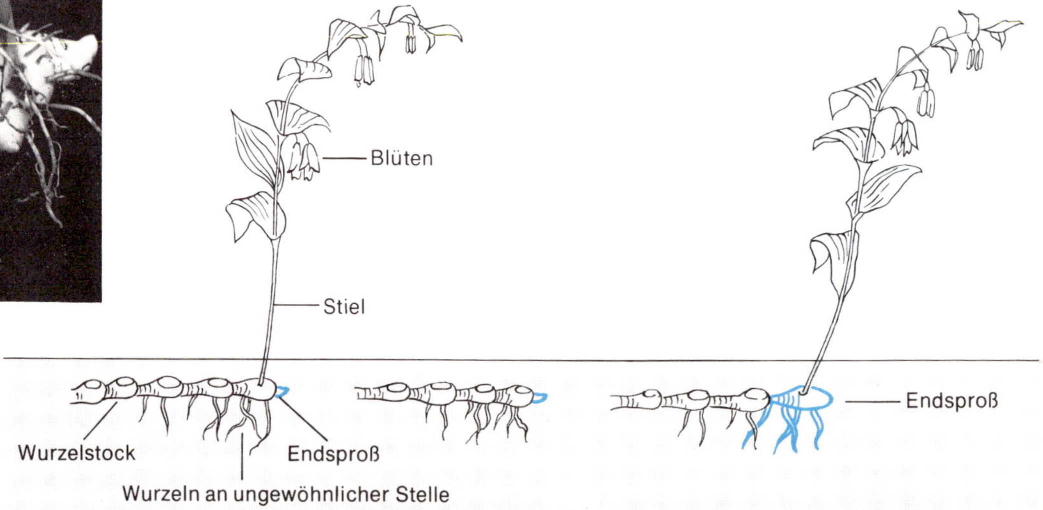

Ebenfalls ausdauernd sind Immergrün (unten) und Träubelhyazinthe (rechts). Von der Träubelhyazinthe sind nur die unterirdischen Teile geschützt. Aber bitte nicht gleich unüberlegt einen Riesenstrauß pflücken, den man bald wegwirft!

Wir sollten immer diese wichtige Regel beachten: „Das Pflücken aller im wilden Zustand wachsenden Pflanzen ist begrenzt auf die Menge, die man in der Hand halten kann."

det ihr viele andere. Untersucht sie sorgfältig und schlagt in einem guten Bestimmungsbuch oder Pflanzenatlas nach, um sie zu erkennen und etwas über ihre besonderen Eigenschaften zu erfahren. Oder noch besser: ihr fangt an, euch ein „Waldherbarium" anzulegen! Ihr braucht aber immer nur ein oder zwei Exemplare der blühenden Pflanzen mitzunehmen, um sie unter der Presse (Seite 36) zwischen Löschpapier zu trocknen. Ihr ordnet sie dann auf kräftigem Papier hübsch an; bitte nicht vergessen, die Ernte zu datieren!

Nun wird sich auch das Laub der Bläume schnell entwickeln und den Laubwäldern drei Wochen lang eine lichte und durchsichtige Schönheit verleihen, bevor sich der grüne Dom völlig schließt.

LEBENSRESERVEN IN DER LUFT ODER IN DER ERDE...

Weshalb sind Blütenpflanzen mit unterirdischer Vorratshaltung unter den Bäumen zahlreicher als Pflanzen, die jedes Jahr neu aus Samen wachsen? Das liegt daran, daß diese im schattigen Unterholz weniger leicht zu befruchten sind und die Pollentransporteure (Insekten oder leichter Wind) dort nicht häufig tätig werden. Diese Pflanzen begnügen sich mit dem Waldrand und den besonnten Lichtungen: Die Lebensbedingungen sind für sie dort besser, die Pollenträger zahlreich und aktiv, auch ist die Samenproduktion in den günstigen Zonen weit reichlicher.

Eierkuchen mit Frühlingsduft

Die Robinie (Robinia pseudo-acacia), allgemein Akazie genannt, blüht Mai–Juni, und die schönen weißen Blütentrauben erfüllen die Luft um sie her mit ihrem Wohlgeruch. Dann sollte man diese Blüten ernten und schmackhafte Eierkuchen damit bereiten.

Der Teig: Dazu gibt man Mehl (einen gehäuften Suppenlöffel pro Person) in eine Schüssel, drückt in die Mitte eine Vertiefung und schlägt auf vier Löffel Mehl ein Ei hinein. Man gibt einen Löffel Öl und eine Prise Salz hinzu. Danach unter ständigem Rühren Wasser oder Milch dazutun, und zwar so viel, daß der Teig am Löffel hängenbleibt.

Die Blütentrauben am Stiel fassen und in den Teig tauchen. Danach in das kochendheiße Backfett fallen lassen. Wenn die Eierkuchen goldgelb sind, nimmt man sie heraus und läßt sie auf saugfähigem Papier abtropfen. Mit Vanillezucker bestreut servieren.

Man kann die Blüten auch entstielen und einfach in den Teig mischen und dann als Eierkuchen backen.

Auf gleiche Weise kann man übrigens auch Eierkuchen mit Holunderblüten backen, die ebenfalls sehr wohlriechend sind. Nur muß man prüfen, ob sie frisch sind und ob nicht kleine Insekten darin versteckt sind.

Drei seltsame Pflanzen

NESTWURZ

Unter Rotbuchen findet man gelegentlich eine seltsame Pflanze, deren braune Blüten sich wenig vom welken Laub abheben. An der Lederfarbe sieht man, daß sie kein Chlorophyll, kein Blattgrün, besitzt. Es ist eine Orchidee, die Neotia, die man auch Vogelnestwurz, Lederorche oder Wurmwurz nennt.

Die Nestwurz kann sich – wie übrigens die meisten unserer reizenden wilden Orchideen – nur entwickeln, wenn ein Pilz ihre kurzen, dicken Wurzeln, in Form eines Vogelnestes verflochten, bewohnt. Von diesem Wurzelgeflecht hat die Orchidee ihren Namen. Das unterirdische Geflecht des Pilzes, das Myzel, dringt mit seinen Fäden in die Wurzelzellen der Nestwurz und von dort weiter in die Pflanze ein. Pilz und Orchidee leben gemeinsam, in „Symbiose" – so nennt man diese Vergesellschaftung, die für das Leben beider Partner unerläßlich ist –, und beide ziehen ihren Vorteil daraus.

Die Pilzfäden, die man nicht sehen kann, verlassen zu einem Teil die Wurzeln der Orchidee, dringen in den Humus ein und beziehen dort die organischen Stoffe, deren beide Pflanzen bedürfen. Sie nehmen auch mineralische Substanzen auf. Die Nestwurz empfängt diese Produkte und gleicht damit das Fehlen des Chlorophylls aus.

Nach etwa zehn Jahren dieser Symbiose ist die Nestwurz, deren Wurzelgewebe bis dahin kräftig genug geworden ist, so weit, daß sie blühen kann. Aus einem Stiel von 20 bis 40 cm Höhe erscheinen im Mai bis Juni die Blüten. Sobald die Früchte reif geworden sind, vertrocknet die Pflanze und geht ein. Doch manchmal verwandeln sich die Außenenden der Wurzeln in Sprossen, aus denen neues Wurzelgewebe entsteht.

SCHUPPENWURZ

Es sind nicht immer Pilze, die unterirdisch wirken. Die Schuppenwurz lebt fast das ganze Jahr auf den Wurzeln von Haselnuß, Rotbuche, Erle und andern Bäumen oder Sträuchern.

Die Schuppenwurz braucht Nährstoffe, die sie nicht selbst erzeugen kann, da sie kein Chlorophyll besitzt. Deshalb lebt sie auf Kosten einer Wirtspflanze. Ihr verzweigter Stock, von schuppigen, stark zusammengedrängten Blättern bedeckt, besitzt Wurzeln, mit Saugwurzeln ausgerüstet, die in die Zellen ihres Opfers bis zu den saftführenden Gefäßen eindringen. Dieser Parasit pumpt buchstäblich seine Nahrung ab und entwickelt sich so unter der Erde: jahrelang speichert er Vorräte.

Nach zehn Jahren verborgenen Lebens blüht die Pflanze. Im März, April, wenn die Wirtspflanze am meisten Saft befördert, dringt die Schuppenwurz ans Licht herauf mit ihren fleischigen Trieben, die zweilippig und von sehr blassem Rosa sind. Diese Blüten werden von Hummeln aufgesucht, die die Bestäubung sichern.

Neben diesen normalen Blüten trägt die Schuppenwurz noch unterirdische Knospen, die wahrscheinlich ohne Befruchtung fruchtbare Samenkörner bringen. So hat die Pflanze gute Aussichten, sich zu vermehren.

Eine andere Merkwürdigkeit: Die Samenkörner, die aus den reifen Früchten fallen und vom Regen in den Boden gespült werden, bleiben dort bisweilen jahrelang schlafend liegen. Doch wenn sie mit einer Wirtspflanze in Berührung kommen, keimen sie sehr schnell.

WACHTELWEIZEN

Der Wachtelweizen, wohl auch Fuchs- oder Katzenschwanz genannt, ist für die Botaniker das Melampyrum. Der Wachtelweizen blüht Mai bis September.

Seine Wurzeln bohren sich wie die der Schuppenwurz in die saftführenden Gefäße der Sträucher des Waldes und nehmen so die Flüssigkeit und die Salze auf, deren sie bedürfen. Die holzigen Pflanzen, denen das Melampyrum einen Teil ihres „Blutes" entzieht, sind vor allem Heidekraut und Heidelbeere.

Der Wachtelweizen ist jedoch nur ein Halbschmarotzer, denn er besitzt grüne Blätter und erzeugt mit ihrem Chlorophyll selbst ein Gutteil der notwendigen organischen Stoffe.

Die gelb-violetten Blüten des Melampyrum haben wie die des Löwenmauls zwei Lippen, die aber fester aufeinanderliegen. Die Hummeln, die für ihre Bestäubung sorgen, drücken mit ihrem ganzen Gewicht die untere Lippe herunter, um sich den Einlaß zu erzwingen. Auch manche Schmetterlinge suchen den Nektar, der bisweilen zwei Drittel der Blütenröhre füllt. Ihr langer und feiner Rüssel dringt durch einen kaum wahrnehmbaren Spalt ein.

Die Ameisen dienen der Pflanze ebenfalls. Aus der doppelten Fruchtkapsel holen sie die beiden Fruchtkörner, weil die äußere Hülle ihren Appetit anregt. So sichern sie das Aussäen der Samenkörner, die keimen, falls sie die Chance haben, während einer kurzen Keimperiode eine Wirtspflanze zu finden.

Ein paar Maiglöckchen

An den ersten Maitagen öffnen sich die wilden Maiblumen im feuchten Unterholz schattiger Laubwälder. Die Pflanze liebt guten und etwas kalkhaltigen Boden. Die Blütentrauben sind zuerst ganz zusammengedrückt und liegen als grüne Kügelchen im Innern des Blattes. Dann öffnen sich die duftenden Glöckchen.

Der Blütenstiel trägt 4–9 hängende sechszipflige Glöckchen, die eine einseitige Traube bilden. Jede Einzelblüte wird von einem kurzen Stiel gehalten, an dessen Grund eine Braktee, ein Blättchen, steht.

Dem Entstehen dieser Traube geht ein geheimnisvolles Leben voraus. Das Maiglöckchen ist eine lebhafte Pflanze: Unter der Erde hat sie einen dünnen Wurzelstock, der sich mehrmals verzweigt und am äußersten Ende seiner Verzweigungen zwei seitliche Sproßknospen trägt. Diese entwickeln sich, und die Blätter brechen den Boden auf und drängen sich ans Licht. Zwischen den beiden großen zusammengerollten Blättern, die an der Hülle von einer hautigen Blattscheide umgeben sind, taucht der zierliche Blütenstengel auf, der oben die grünen Kügelchen trägt.

Die Früchte sind kleine rote Beeren, die zwei bis sechs blaue Kerne enthalten. Wenn diese Kerne zur Erde fallen oder von Tieren gefressen und ausgeschieden werden, können neue Pflanzen entstehen.

Doch immer vermehrt sich die Maiblume stärker durch Verzweigungen des Wurzelstockes als durch Samen.

Alle Sammler von Maiglöckchen sollten sich in Zurückhaltung üben. Selbst wenn eine Pflanzenart so häufig ist, darf man sie nicht völlig abernten.

Wenn ihr eine „gute Ecke" gefunden habt, so achtet bitte das biologische Gleichgewicht und erntet nicht ein kleines Stück völlig ab. Und achtet auch darauf, daß ihr nur die Blütenstengel pflückt und die unterirdischen Teile der Pflanze nicht beschädigt; sie sind in Deutschland vom Gesetz geschützt.

Und noch einen Rat: Kaut keine Maiglöckchenstengel, während ihr pflückt! Alle Teile der Pflanze enthalten geringe Mengen eines Giftstoffes. Seine Wirkung ist zwar nicht so stark wie beim Fingerhut, *Digitalis,* trotzdem sollte man vorsichtig sein und sich nach jeder Berührung die Hände waschen.

Nester in allen Stockwerken

◀

Der Buchen-Eichen-Wald beherbergt die meisten Vögel. Vor allem in den frühen Morgenstunden hallt das junge Laub während des ganzen Frühlings wider von den Rufen und Gesängen.

Dies ist die beste Tageszeit, die Vögel zu beobachten. Sie sind sehr lebhaft, da es die Jahreszeit ihrer Liebe ist und die noch sehr lockere Belaubung sie kaum verbirgt. Nutzt diese Zeit aus, um die Vögel kennenzulernen, wie es auf S. 34 beschrieben ist.

Der Wald bietet den Vögeln Lebensmöglichkeiten aller Art. Deshalb nisten selbst viele Arten, die einen großen Teil ihres Daseins außerhalb des Waldes verbringen, weiter dort. Die Vögel finden hier Nahrung, die ihnen zusagt, geeignete Plätze für den Nestbau, günstige Orte, wo jede Art nach ihren Gewohnheiten ihr Lied singen kann.

Auf dem Boden durchwühlen die schwarzen Amseln mit den gelben Schnäbeln zusammen mit ihren braunen Weibchen geräuschvoll die Laubschicht, um darunter ihre Nahrung zu finden.

Das Rotkehlchen, das sein Territorium gegen Winterende abgrenzt, nistet wie Nachtigall und Fasan auf der Erde. Das Weibchen, deren Brust weniger stark gefärbt ist, brütet allein, während das Männchen Futter sucht und dazu über den Waldboden hüpft.

Nur das Männchen der Mönchsgrasmücke trägt die schwarze Kappe. Wenn ihr zwischen den Zweigen eines Gebüschs das schalenförmige Nest einer Grasmücke entdeckt, rührt es ja nicht an! Wenn die Grasmücke vom Menschen überrascht wird, gibt sie ihr Nest auf und kommt, wenn die Eier berührt worden sind, niemals wieder.

Die elegante Kohlmeise ist ebenso hübsch wie angriffslustig bei ihrem Suchen an Stamm und Zweigen. Sie tut sich jedoch mit andern Meisen zusammen, um in Gruppen Bäume und Hecken abzusuchen.

Das Buchfinkenmännchen, viel bunter als seine grünlichbraune Gefährtin, steckt seine Grenze als erster ab. Schon vom Februar an erfreut uns sein hübsches Liebeslied. Im tiefen Wald sind die hohen Äste seine Speisekammer, gut mit Insekten gefüllt.

Der Pirol singt, versteckt im Laub eines großen Baumes, aus einer hohen Astgabel sein laut geflötetes Lied. Unregelmäßig abgerissene Rufe zeigen an, daß der Vogel dem Nest schon ganz nahe ist.

Der Kuckuck ist ein „Parasit“: Er läßt seine Nachkommen von andern Sperlingsvögeln aufziehen. Ihr hört manchmal ein heiseres und überstürztes Kuckuck, Kukkuck statt des ruhigen Rufes, den ihr kennt: dies ist der Ruf des Männchens, das ein Weibchen verfolgt.

Die Waldschnepfe ist schreckhaft und erhebt sich mit klatschendem Schlag der runden Flügel von den kurzen Beinen. Sie sucht Larven und nimmt auch Samenkörner, die im welken Laub zu keimen beginnen.

Der Fasan, das Rotkehlchen, die Nachtigall nisten auf dem Boden, inmitten eines Strauches, im Dornengestrüpp, in einem dichten Farn oder zwischen Gekräut. Und die Nester der Laubsänger sind ebenfalls kleine Kugeln aus trockenen Pflanzen, an der Seite geöffnet, tausend Gefahren ausgesetzt. „Zilp-zalp", dieser hübsche Ruf schallt aus einem Busch, gerade vor uns. Und ebenso wie sein Ruf heißt der Vogel auch: Zilpzalp. Damit wir die brütenden Vögel nicht stören, sind wir besonders vorsichtig.

In unsern Wäldern, besonders in solchen mit feuchten und verwachsenen Schneisen und dicht überwuchertem Boden, häufiger in den Bergen als in der Ebene, sucht die Waldschnepfe in Humus und Laub ihre Nahrung mit dem langen geraden Schnabel. Im Frühjahr überfliegen die Männchen den Wald mit weichen, tiefem Quarren (dem „Murksen"), gefolgt von einem hohen, scharfen „Tsiwick" (dem „Puitzen"). Dieser langsame Balzflug, den die Jäger aufmerksam beobachten, findet immer wieder über dem gleichen Platz statt, denn dieser als Leckerbissen bekannte Vogel bleibt seinem sehr begrenzten Territorium treu.

Die Mönchsgrasmücke mit dem schwarzen Käppchen ist häufig, aber nicht leicht zu beobachten. Sie lebt gewöhnlich im Gebüsch, zeigt sich kaum im Freien und bewegt sich wie ein Kobold im dichten Laub der Sträucher, wo sie ihr Nest aus welken Pflanzen versteckt.

Je tiefer ihr in den Wald eindringt, desto häufiger hört ihr die eigentlichen Waldvögel: Buchfinken, Buntspechte, Waldlaubsänger, Kohlmeisen – während Amseln, Rotkehlchen, Grasmücken, die sich mehr in den Feldhecken und an Waldrändern aufhalten, kaum noch zu vernehmen sind.

An den Stämmen und Ästen finden die Vögel zahllose Insekten. Und außerdem bieten ihnen die großen Bäume oft Löcher, die sie erweitern können, um ihr Nest darin zu bauen. Der Stamm der ältesten Bäume ist häufig von innen heraus von Fäulnis befallen. Um so leichter können die Spechte ihre Löcher hineinhämmern, und viele andere Vögel nutzen deren Arbeit aus, um sich ein dunkles Versteck auszubauen.

Wenn die Sonne am Himmel steht, fliegen die Tagraubvögel zur Jagd aus. Ein Turmfalke horstet nach der Gewohnheit seiner Art in einer Nadelholzgruppe, wo sich der Eichenhochwald ein wenig zurückgezogen hat. Der Falke überfliegt den Wald auf der Suche nach Feldmäusen. Mäusebussarde ziehen ihre Kreise.

Der König der Wälder, der Habicht, hat seinen Horst sehr hoch in den Bäumen. Von dort aus stürzt er sich auf die Eichelhäher und die Ringeltauben, die er verfolgt: ein spannendes Schauspiel!

Nahe am Stamm eines Baumes hat die Schwanzmeise ihr eiförmiges Nest gebaut. Es ist fast geschlossen und hat einen einzigen kleinen Eingang an der Seite. Es ist aus Moos, Fasern, Flechten, Spinnweben errichtet und weich mit Federn ausgepolstert, damit sich die 7 bis 12 Jungen wohlfühlen.

Die Nachtigall ist selten beim Füttern der Jungen zu beobachten, die gut in Kraut und Laub versteckt sind.

Das Gimpelpaar ist sehr aufmerksam. Das Weibchen rückt ein wenig zur Seite, damit auch der Vater Platz hat, die Jungen zu füttern.

Ihr könnt Tiere bei ihren Tätigkeiten nur beobachten, wenn ihr völlig verborgen und leise seid. Deshalb ist es gut, wenn ihr euch zu diesem Zweck einen Beobachtungsposten bauen könnt, in dem ihr euch versteckt, um zu sehen, ohne gesehen zu werden.

EIN BEOBACHTUNGSPOSTEN

Ihr richtet ihn am besten in der Nähe eines Tümpels ein, wo zahlreiche Spuren von Tieren zu finden sind, die dort ihren Durst stillen. Oder ganz nah an einem Wildwechsel, der Anzeichen von häufiger Benutzung trägt. Oder auch am Rand einer Lichtung, wo ihr Säugetiere ohne Deckung und Vögel auf Kräutern und Sträuchern bei gutem Licht sehen könnt. Doch niemals allzu nahe, denn der menschliche Geruch würde Tiere mit empfindlichen Sinnen sofort in die Flucht schlagen.

Wie errichtet man einen Beobachtungsstand? Lehnt einen großen trockenen Ast an einen Baum und verkeilt ihn gut. Oder ihr spannt eine Schnur zwischen einem Baumast und dem Fuß eines andern Baumes, weit genug entfernt, daß man sich ausgestreckt unter das Schutzdach legen kann. Lehnt von beiden Seiten Zweige schräg an den Hauptbalken oder an die Schnur und bedeckt die beiden schiefen Seitenwände mit Farnwedeln, Laub und Kräutern. Schneidet keine Zweige von Bäumen, wenn ihr keine Genehmigung des Eigentümers dazu habt. Plündert auch nicht die benachbarten Sträucher und verändert im ganzen das Aussehen eures Beobachtungsplatzes so wenig wie möglich.

Laßt den Tieren Zeit, sich an die Veränderungen zu gewöhnen, ehe ihr euern Beobachtungsposten bezieht. Dann könnt ihr euch in die Schutzhütte schieben und geduldig, unbeweglich und schweigsam durch ein Loch im Laub beobachten. So seht ihr, ohne gesehen zu werden, und könnt vielleicht ein Tier von nahem fotografieren, wenn die Lichtverhältnisse ausreichend sind.

Eine andere Möglichkeit besteht darin, daß man eine Schnur waagerecht zwischen zwei Bäumen im Unterholz spannt, etwa 80 cm über dem Boden. Die Zweige, die man daran lehnt, rutschen nicht so leicht ab wie an einer schräg gespannten Schnur. Diese Hütte kann man von beiden Seiten betreten. Aber man braucht etwas mehr Material, und der Beobachtungsposten fällt in seiner Umgebung mehr auf.

In einem Laubwald mit alten Bäumen ist es manchmal auch möglich, sich in einer Astgabel einzurichten. Man sucht sitzend oder rittlings eine bequeme Stellung, in der man es lange aushalten kann und wo man gut vom Laub verdeckt ist. Bei Bedarf kann man die Tarnung durch ein paar belaubte Zweige verbessern.

Es könnte nützlich sein, sich durch ein Seil an einem festen Ast zu sichern, falls man beim Warten einschlafen sollte. Obwohl das einem guten Beobachter nicht zustoßen sollte, wenn er auf der Lauer liegt, um Tiere zu überraschen, und wenn der Wald rings um ihn her vom verborgenen Leben wispert.

DIE NACHTIGALL, DIE UNVERGLEICHLICHE SÄNGERIN

In einer ruhigen Mainacht läßt unsere Nachtigall nach einem Vorspiel ihr ganz reines Lied erklingen. Wenn ein Strahl des Mondes sie beleuchtet und der beobachtende Vogelfreund, gut versteckt, sie erspäht, bemerkt er, daß sie, auf dünnen Beinen aufgerichtet, den Zweig des Baumes umkrallt und den Kopf hebt. Der Vogel wirkt, als wäre er völlig auf die Schwingungen seiner Kehle konzentriert.

Leise hat er einen Ton gesungen, ihn wiederholt, und schon tritt die Melodie hervor. Sie entfaltet sich allmählich, und je weiter die Nacht fortschreitet, desto schöner wird der Gesang. Niemals ist das Lied der Nachtigall völlig das gleiche. Man glaubt wirklich, sie sucht ständig nach neuen Trillern.

Vögel haben keine Stimmbänder, sondern ein besonderes Organ, die Syrinx. Dieses Organ, der untere Kehlkopf, macht durch seine bemerkenswerte Muskelkraft die Nachtigall zur Meisterin der Singvögel. Aus ihrem zarten Körper steigt eine Stimme auf, die über ein Gebiet von etwa einem Kilometer im Umkreis reicht.

Ihre Stimme erhalten alle Nachtigallen durch Vererbung, doch jede besitzt persönliche Fähigkeiten. Was die Dauer ihrer Lieder anbelangt, sind die Sänger mehr oder weniger begabt, ebenso steht es mit der Atemkraft. Sie sind auch mehr oder weniger zu Abwandlungen in ihrer Melodie befähigt, die übrigens nie über den Umfang einer einzigen Oktave hinausgeht. Man hat im Gesang eines ausgezeichneten Sängers unter den Nachtigallenmännchen vierundzwanzig verschiedene Motive gezählt, und er konnte ein Motiv bis zu 20 Sekunden lang entwickeln ...

Man hat beobachten können, daß sich die Nachtigall häufig einen freien Platz sucht, wo sich ihre Stimme entfalten kann, ehe sie sich zum Gesang niederläßt. Sogar nach einem Widerhall (Echo) sucht die Nachtigall gern.

Sie verbringt den Winter im Süden und kehrt in der ersten Aprilhälfte aus Ägypten oder Israel zurück. Gegen Ende des Monats bereitet sie ihr Nest unter einem Busch oder zwischen den Wurzeln eines Baumes im Gras. Es ist eine Schale über einem Grund von Laub, aus Stengeln, kleinen Wurzeln und Grashalmen geflochten. Das Innere ist mit Haar und welken Blättern ausgelegt. Die Wiege ist gut versteckt, und die Vögel nähern sich ihr mit äußerster Vorsicht. Das Weibchen legt fünf olivgrüne Eier und brütet 14 bis 20 Tage. In dieser Zeit singt das Männchen des Nachts am schönsten. Dabei setzt es sich, um nicht die Aufmerksamkeit gefährlicher Tiere auf sich zu lenken, auf einen etwas entfernten Baum. Sein nächtliches Konzert nimmt ihm jedoch nicht die Lust, auch tagsüber zu singen. Doch dann hört man den Gesang nur ganz leise, wie im Traum.

Das Nachtigallmännchen fällt ebensowenig wie das Weibchen durch die Färbung des Gefieders auf. Es sind bescheidene Wesen. Wenn sie im Frühling Hochzeit halten, ertragen sie keine Nachbarn, und danach leben die Partner wieder allein. Das Männchen fliegt auch allein, nicht gemeinsam mit dem Weibchen, ans Ufer des Nils oder zum Cedron in Israel. Die Abreise erfolgt in Gruppen aus Männchen oder Weibchen von August bis November je nach der Gegend und wird in kleinen Reiseabschnitten durchgeführt.

Drei Meister bei den Vögeln

DER KLEIBER, EIN GLEICHGEWICHTSKÜNSTLER

Wer ist das dort auf dem Eichenstamm, dieser Akrobat, der da schraubenartig hinaufklettert und dabei mit dem langen Stilett seines Schnabels in die Baumrinde stößt? Er läßt uns kaum Zeit, seinen sehr kurzen, kantigen Schwanz zu beobachten, denn schon läuft er am gleichen Stamm, ohne jemals auszurutschen, mit Schwung hinunter, den Kopf diesmal abwärts gerichtet. Die Flügel öffnen sich zu einem kurzen Flug bis zum Stamm einer benachbarten Pappel, und wir können den rötlichen Bauch sehen und den hellen Fleck, der sich von der Kehle bis zu den Wangen zieht. Der Vogel nimmt alle möglichen Stellungen auf dem neuen Baum ein, den er erkundet: das sieht aus wie ein akrobatischer Tanz.

Es ist die Spechtmeise, der Kleiber. In den Wäldern (und bisweilen auch in Parks) ist er so etwas wie ein Putzteufel der Eichen und Nußbäume, der Pappeln und der Edelkastanien. In den Wäldern aller Art und im Gebirge bis zur Baumgrenze stellt er Insekten und Spinnentieren nach. Auch Samenkörner verachtet er nicht, weder die der Linde des Ahorns noch die der Hasel. Diese klemmt er in einen Rindenspalt und hämmert die Schale ohne große Mühe auf.

In einem verlassenen Spechtnest oder einem Loch im Baum richtet sich der Kleiber nach seinen persönlichen Wünschen ein.

Wie rasch er seinen Mörtel zubereitet, indem er Erde mit seinem Speichel vermischt! Oft ist die Erde so fest, daß er sie mit Schnabelhieben kleinschlagen muß. Mit diesem Mörtel mauert der Kleiber vor das Loch, in dem er sein Nest einrichten will, einen Kreisbogen als Dach und verengt das Loch. Deshalb nennt man den Kleiber bisweilen auch „Maurerspecht".

Nun hat er die großen Stare zu fürchten und noch mehr die Sieben- und Gartenschläfer, die immer wieder versuchen, in sein Nest einzudringen und die Eier auszutrinken.

Schon im Februar beginnt der Kleiber mit den Hochzeitsfeierlichkeiten.

Ende April oder Anfang Mai legt das Weibchen 6–8 Eier, die es 15–18 Tage ausbrütet, wobei es vom Männchen gefüttert wird. Sobald die Jungen geschlüpft sind, wird das Paar scheu und schweigsam. Das Männchen füttert und hält das Nest sauber. Nach vierundzwanzig Tagen sieht man die Kleinen fortfliegen. Sie kehren nicht ins Nest zurück.

Danach beziehen Männchen und Weibchen jeweils ein eigenes Loch. Ihr Territorium kann bis 30 Hektar groß sein, vor allem, wenn es in der Gegend an alten Bäumen fehlt, in denen sich ein Nest aufschlagen läßt. Anfang des folgenden Frühjahrs finden sich Männchen und Weibchen wieder zusammen.

DER WALDLAUBSÄNGER

Der Meister der Flötisten im Wald ist einer der Laubsänger. Mit Ausnahme des Zilpzalp, der überall bekannt ist und am Mittelmeerrand überwintert, sind die Laubsänger Zugvögel, die über die Sahara hinausfliegen. Sie unternehmen also lange Reisen, obwohl sie nur so winzige Flügel haben und weniger als 10 Gramm wiegen.

Der Waldlaubsänger ist ein echter Waldbewohner, der mitten im tiefen Forst haust.

Männchen und Weibchen sind völlig gleich, sogar der gelbe Überaugenstreif. Die Oberseite ist gelblichgrün, Kehle und Brust sind schwefelgelb, der Bauch weiß.

Der Waldlaubsänger stößt als Ruf ein klangvolles „Düh" aus. Dann belebt sein Gesang den Wald mit einer Reihe von Tönen, deren Tempo immer schneller wird und die am Schluß einen schwirrenden Triller bilden: „Sib sibsibsib sibsibsirr". Einen Augenblick später hört man, wie er ein anderes Lied singt, mit gleichlangen Tönen, was in unsern Ohren traurig klingt: „Düh wit wit wit wit." Dieses Lied singt er im Sitzen.

Der Waldlaubsänger hat sein Nest auf dem Boden wie die andern Laubsänger und einige Grasmücken. Es ist aus trockenen Blättern, Wurzeln und kleinen Zweigen bereitet und hat die Form eines Backofens mit seitlichem Eingang; es verschwindet völlig im welken Laub, aus dem es ja auch gebaut ist. Nur selten ist es innen mit Federn ausgefüttert. Das Männchen löst das Weibchen beim Brüten ab.

Gelegentlich sucht der Kuckuck ein Nest des Waldlaubsängers aus, um ein Ei hineinzulegen. Viele der Sperlingsvögel stören sich überhaupt nicht an diesem fremden Ei in ihrem Nest. Andere dagegen verlassen dann ihr Nest oder zerstören es sogar. Das ist beim Waldlaubsänger der Fall. Ornithologen (das sind Wissenschaftler, die die Vögel studieren) haben festgestellt, daß in 67% der Fälle das Nest verlassen wird. Ausnahmsweise beginnen Vögel, die so vom Kuckuck heimgesucht wurden, eine zweite Brut mit 5 bis 7 Eiern.

Aufzucht eines SALAMANDERS

Der Feuersalamander ist ein hübsches Tier, das ihr manchmal, vor allem nach starkem Regen oder an sehr feuchten Plätzen, im Wald finden könnt. Das harmlose, als Vertilger von Nacktschnecken und Insekten nützliche Tier läßt sich leicht aufziehen, wenn man ihm ein Habitat baut, das seinen Bedürfnissen entspricht.

Ihr braucht dafür nur ein Aquariengefäß, auf dessen Boden ihr eine dicke Sandschicht schüttet, die einen Hang bildet. Auf einer Seite spart ihr einen kleinen Tümpel aus, der vier, fünf Zentimeter hoch mit Wasser gefüllt wird. Auf dem Sandhang, außerhalb des Wassers, errichtet ihr ein Schutzdach aus Steinen und Moos, unter dem sich der Feuersalamander vor Licht schützen und in ständiger Feuchtigkeit aufhalten kann. Das ist alles.

Das Futter besteht aus lebenden Regenwürmern und Nacktschnekken: freiwillig nimmt der Feuersalamander nur Beutetiere, die sich bewegen. Gebt ihm nicht zu viel: Ein Übermaß an Futter tötet Tiere in Gefangenschaft. Ihr werdet das erstaunliche Schauspiel erleben, daß der Salamander aus seinem Schutz herauskommt, seine Beute lange belauert, sie jäh erfaßt und ruckweise herunterschluckt.

Nehmt stets die nicht gefressenen Beutetiere aus dem Gefäß, sobald sie tot sind, damit sie die Umwelt des Salamanders nicht verschmutzen.

Wenn die Würmer eines Tages knapp werden sollten, kann ein wenig rohes Hackfleisch den Appetit eures Gastes befriedigen. Aber es ist selten, daß sich der Salamander darauf stürzt, weil sich das angebotene Futter nicht bewegt. Aber keine Sorge – der Feuersalamander kann, ohne Schaden zu nehmen, einige Zeit fasten.

Möglicherweise findet ihr auch einmal einen befruchteten weiblichen Feuersalamander. Das Tier wird euch dann damit überraschen, daß es sich von Zeit zu Zeit zu dem kleinen Tümpel begibt, der einen Teil des Gefäßes einnimmt, daß es dort seine Kloake eintaucht und eine Larve ablegt, einen kleinen Salamander von etwa 3 Zentimetern mit vier Beinen, aber mit gut sichtbaren Außenkiemen ausgestattet. Die Larve lebt etwa drei Monate im Wasser, bevor sie zu einem erwachsenen, auf dem Land lebenden Tier geworden ist. Unser Salamanderweibchen kann so im Lauf mehrerer Tage fünfzig oder mehr Junge „legen", die ihr in einem richtigen Aquarium unterbringen und mit Stückchen von Regenwürmern, mit Schlammfliegenmaden, Schabefleisch oder roher Leber füttern müßt, bis sie sich in ausgewachsene Tiere verwandeln. Diese Verwandlung erkennt ihr am Verlust der Kiemen. Dann müßt ihr sie aus dem Wasser herausnehmen und behandeln wie ihre Mutter.

Verwechselt den Feuersalamander, der nur zum Ablegen ins Wasser geht (die Männchen gehen nie ins Wasser), nicht mit den Molchen, die Wassertiere sind. Salamander haben Schwänze mit rundem Querschnitt, während der Molchschwanz seitlich zusammengedrückt ist.

Für den Bogenschützen

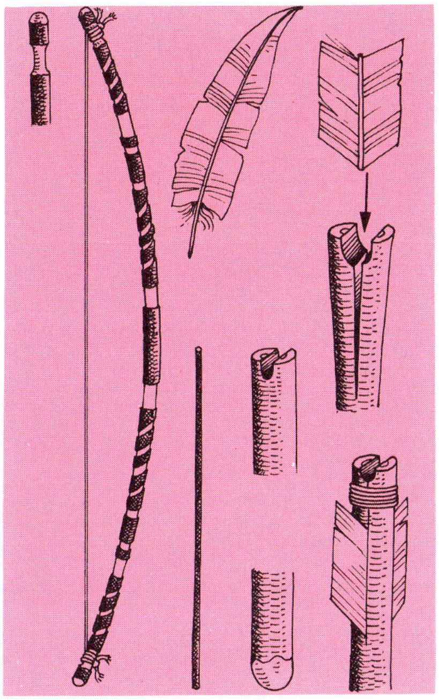

Pfeil und Bogen machen Spaß! Für den Bogen müßt ihr euch einen geraden Zweig aussuchen, möglichst ohne Seitenzweige und ziemlich dick (etwa 20 mm Durchmesser), damit ihr Spannkraft bekommt, und biegsam genug, damit ihr die Bogensehne weit spannen könnt. Was ihr braucht, werdet ihr im Unterholz finden, am besten Haselnußzweige oder Zweige der Esche.

Sucht einen Zweig von 1 m bis 1,5 m aus und befreit ihn sehr sorgfältig mit dem Messer von allen Unebenheiten: achselständigen Knospen, Narben von abgefallenen Blättern, kleinen Seitenzweigen, damit der Stock von oben bis unten schön glatt ist. Etwa 2 cm von jedem Ende entfernt schneidet ihr eine Hohlkehle in den Stock, wo ihr die Schnur als Sehne festknotet. Damit ihr eine gute Spannung bekommt, krümmt ihr den Stock ein wenig, bevor ihr das zweite Schnurende festknotet. Die Entfernung zwischen Sehne und Bogen soll in der Mitte 15 cm nicht überschreiten, wenn ihr ausreichende Krümmung beim Spannen des Bogens erlangen wollt.

Als Pfeile sucht euch Stöcke aus leichtem Holz, sehr gerade und dünn, ohne Unebenheiten. Die Länge wird im allgemeinen die halbe Bogenlänge sein. Praktisch hängt sie von der Weite zwischen Sehne und Bogen ab, wenn ihr den Bogen spannt. Wenn das untere Ende des Pfeils auf die Sehne des gespannten Bogens gesetzt wird, sollte die Spitze des Pfeils, die von der den Bogen haltenden Hand gestützt wird, 15 bis 20 cm über den Bogen hinausragen.

Das untere Ende des Pfeils erhält eine kleine Kerbe, die es erlaubt, den Pfeil auf die Sehne zu setzen, ohne daß er rutscht. An diesem unteren Ende, das auf die Sehne gesetzt wird, erfaßt man den Pfeil und spannt den Bogen. Dort könnt ihr ein oder zwei breite, kurze Federn befestigen: diese Befiederung stabilisiert den Pfeil auf seiner Flugbahn. Ihr solltet den dicksten Teil dieses feinen Stockes als Pfeilspitze nehmen, damit er auf seiner Bahn nicht kippt: ein gutes Gleichgewicht erhaltet ihr, wenn der Schwerpunkt etwa am Ende des ersten Drittels seiner Länge liegt. Balanciert eure Pfeile also aus, indem ihr sie waagerecht und im Gleichgewicht auf den ausgestreckten Zeigefinger legt.

Außerdem ist es gut, diese Pfeile zu entrinden oder sie hell anzumalen, damit man sie nach dem Schuß leicht wiederfindet.

Schießt niemals, wenn sich jemand vor euch in der Schußrichtung befindet – zielt nicht einmal im Spaß! Selbst am Ende seines Fluges kann ein Pfeil ein gefährliches Geschoß sein.

EINFACHE PFEIFEN

Ihr habt die Pfeife zu Hause liegenlassen, mit der ihr euern Gefährten unterwegs Signale geben wollt? Aber das macht nichts.

Schneidet euch einen jungen Zweig von einem Holunderstrauch. Teilt ihn in kleine, 5 bis 6 cm lange Stücke, aus denen ihr das Mark sorgfältig entfernt. Wenn ihr die untere Öffnung einer solchen Röhre verschließt (etwa mit einem Finger) und das Stück senkrecht ans Kinn legt, so daß der Rand der oberen freien Öffnung mit dem Oberrand euerer Unterlippe abschließt, könnt ihr hineinblasen, wobei ihr die Oberlippe ein wenig vorschiebt. Ihr erhaltet, je nach dem inneren Durchmesser der Röhre, einen mehr oder weniger durchdringenden Ton. Versucht es mit Holzröhren verschiedener Größe und wählt dann die „Pfeife", die euch am angenehmsten klingt. Ihr bekommt allerdings nicht die durchdringenden Töne einer Metallpfeife, aber ihr könnt euch dennoch über kurze Entfernungen mit euern Gefährten verständigen, wenn ihr sie im Unterholz aus den Augen verloren habt.

WIE MAN DIE VÖGEL ERKENNT

Wenn man einen Vogel beobachtend eine Zeitlang verfolgen kann, muß man ihn zuerst erkennen. Wenn man keinen erfahrenen Vogelkenner befragen kann, muß man einen Vogelführer zu Rate ziehen.

Solche Werke findet ihr vielleicht in eurer Schul- oder Gemeindebibliothek. Dabei stützt ihr euch auf die Beobachtungen, die ihr bereits gemacht und notiert habt. Eure Notizen müssen also vollständig und genau genug sein, damit sie euch bei der Suche in dem Buch nützen können.

Wie beobachtet man?
Wenn ein Vogel vor euch auftaucht, bewegt euch nicht und schweigt sofort. Vielleicht habt ihr die Chance, ihn genau zu sehen, während er euch selbst beobachtet. Schweigen, Unbeweglichkeit und Tarnung sind für eine genaue Prüfung notwendig. Sehr nützlich ist ein gutes Fernglas, damit man auch aus etwas weiterer Entfernung Einzelheiten erkennen kann.

Ihr braucht ein Notizheft und Buntstifte. Ihr arbeitet am besten rasch und ohne etwas auszulassen, sowohl während der Beobachtung, wenn der Vogel keine Bewegung bei euch sehen darf, als auch sofort nach seinem Abflug. Hier einige Ratschläge, um die Bewegungen einzuschränken und die Zeit für die Notizen abzukürzen.

Bereitet, ehe ihr aufbrecht, ganz einfache Vogelzeichnungen vor, in die ihr die festgestellten Merkmale, vor allem die Farben, eintragt. Notizen, die ihr mit Bleistift macht, können später wegradiert werden: dann könnt ihr die Zeichnungen für die nächste Expedition wiederverwenden.

Auf einer Seite eures Heftes solltet ihr eine Liste der Merkmale haben, die ihr erkunden wollt. Dort kreuzt ihr nur an, was ihr beobachtet. Oder ihr schreibt nur ein kurzes Wort, um den Vogel nicht aus den Augen zu verlieren. Wenn ihr rasch zeichnet, könnt ihr mit kleinen Skizzen von Einzelheiten eure Notizen bereichern: Schnabelform; Verhältnis von Kopf, Körper, Schwanz...

Danach, während einer Pause oder zu Haus, zieht ihr den Führer zu Rate. Nach euren Beobachtungen und beim Vergleich der Abbildungen im Buch findet ihr den Namen des beobachteten Vogels und Einzelheiten über seine Lebensweise, seine Nahrung, seine Fortpflanzung, eventuell seine Wanderzüge. Wenn ihr ihn später im Wald wiederseht, könnt ihr eure ersten Beobachtungen nachprüfen; wenn ihr mehr wißt, seht ihr auf einmal auch mehr Einzelheiten.

Vorschlag für die vorbereiteten Skizzen. Die Zahlen bezeichnen die Körperteile, für die wir Farben und Einzelheiten notieren (gefleckt, gestreift, gesprenkelt usw.), am besten gleich in die Zeichnung hinein.

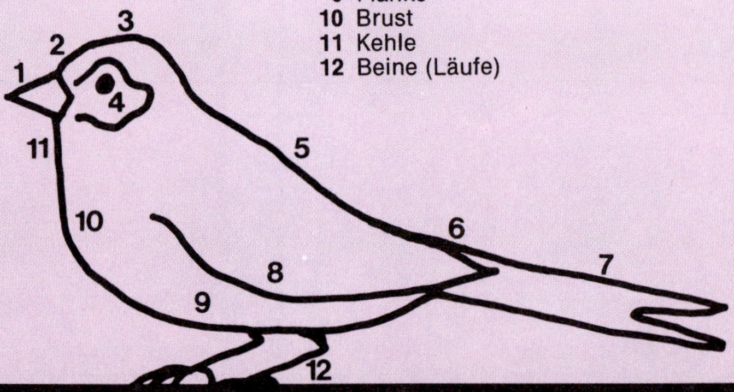

1 Schnabel
2 Stirn
3 Scheitel
4 Wange
5 Rücken
6 Bürzel
7 Schwanz
8 Flügel
9 Flanke
10 Brust
11 Kehle
12 Beine (Läufe)

Notizen über Gestalt und Verhalten (Liste vorbereiten und im Wald alles eintragen, was man bemerkt).

Größe	im Vergleich zu bekanntem Vogel: Sperling? Taube? Huhn?	**Gefieder**	(siehe Skizze) Farben? Gefleckt, gestreift, Binden, gesprenkelt?
Gestalt	allgemeine Form: Umriß sitzend; im Flug? Schnabel: Größe? Spitz? Dick? Gekrümmt? Beine: Länge? Dicke? Nackt oder befiedert? Schwanz: Länge? Abgerundet? Gegabelt? Keilförmig? Aufgerichtet?	**Verhalten**	Auf dem Boden? Sitzend? Allein oder in Gruppen?
		Fortbewegung	Auf dem Boden: Tempo? Laufend? Hüpfend? Im Flug: Geradlinig? Wellenförmig? Unregelmäßig? Im Zickzack? Gleitflug? Segelflug?

Notiert auch Zeit und Ort der Begegnung. Und wenn möglich Einzelheiten: Gesang und Rufe (Alarm-, Lock-, Verteidigungs-, Fluchtrufe).

Man kann einen Vogel in der Luft an seiner Silhouette und an seinem Flug erkennen. Das gilt vor allem für die Raubvögel, die sich des Segel- und des Gleitflugs bedienen. Dabei tritt die Silhouette der ausgebreiteten Flügel besonders deutlich hervor.

Die Bussarde haben einen kurzen, am Ende verbreiterten und abgerundeten Schwanz, gerade Flügel und kreisen im Flug.

Der Habicht hat wie die Sperber einen langen Schwanz, zwischen dem Gleiten kurze, schnelle Schläge der runden Flügel.

Die Milane haben einen langen gegabelten Schwanz (der Rotmilan tiefer gegabelt als der Schwarzmilan).

Die kleinen Falken haben ebenfalls einen langen Schwanz, aber schmale Flügel mit spitzen Enden. Ihr seht sie manchmal, wie sie sich im Flug an einer Stelle in der Luft halten: sie „rütteln", bevor sie sich auf eine Beute auf dem Erdboden niederstürzen. Ihr normaler Flug ist sehr rasch.

Mäusebussard

Habicht

Sperber

Schwarzmilan

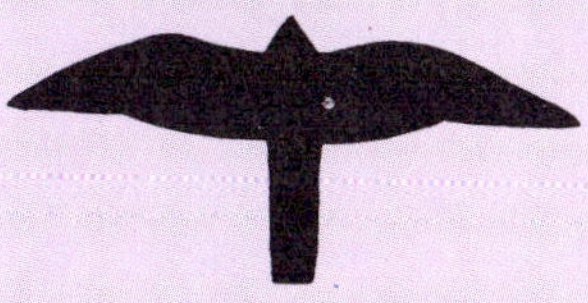

Wanderfalke

Zweige als Mathematiker

Ihr werdet bestimmt bemerkt haben, daß die Blätter der Pflanzen je nach den Arten entweder sehr einfach angeordnet sind oder, wie es scheint, völlig ungeordnet und wie's gerade kommt aus den Zweigen wachsen.

Dieser Eindruck täuscht. Bei ihrem Wuchs bleibt nichts dem Zufall oder der Willkür überlassen. Die *Blattstellung* ist für jede Art nach einer bestimmten Regel, von der ihr euch überzeugen könnt, genau festgelegt, sogar an solchen Zweigen, die ihre Blätter abgeworfen haben, aber noch die Narben des Stielgrundes aufweisen.

Sucht euch Zweige von Bäumen aus, an denen sich die Blätter abwechseln, d.h. wo sie entweder zweizeilig oder wechselständig stehen (letztere Stellung nennt man auch zerstreut oder spiralig). Das ist leicht zu erkennen. Ihr bemerkt, daß ihr, um von einem Knoten (aus dem das Blatt wächst) bis zum nächsten zu kommen, den Zweig mehr oder weniger drehen müßt. So müßt ihr bei einem Ulmenzweig, wenn ihr einen Blattansatz (Knoten) genau vor euch habt, den Zweig um 180° drehen, um das nächste Blatt ebenfalls genau vor euch zu haben. Bis zum abermals folgenden müßt ihr den Zweig wieder um 180° drehen und so fort. Diese Blattstellung nennt man die zweizeilige, weil die Blätter am Zweig in zwei gegenüberstehenden Längszeilen angeordnet sind. Das ist an dem Ulmenzweig von unten bis oben so und genauso an jedem Zweig dieses Baumes und aller andern Ulmen.

Bei der Erle dagegen habt ihr den Zweig erst beim dritten Blatt (oder Knoten) einmal um sich selbst gedreht. Von einem Blatt zum nächsten beträgt der Drehwinkel also 120°.

Wenn ihr den Zweig zweimal um seine Längsachse drehen müßt und dabei fünf übereinanderstehende Blätter zählt, habt ihr also einen Drehwinkel von 2/5 einer ganzen Umdrehung, also 144°...

Nun könnt ihr diese Blattstellung bei allen andern Bäumen und Sträuchern errechnen. Leicht ist es freilich nicht immer, besonders nicht, wenn die Blätter sehr eng übereinanderstehen; und Bruchrechnen sollte man schon können!...

Dabei werdet ihr eine verblüffende Sache entdecken. Die Winkel bei der spiraligen Blattstellung, denen man am häufigsten begegnet, lassen sich durch die Brüche 1/2, 1/3, 2/5, 3/8, 5/13, 8/21 (einer ganzen Drehung) ausdrücken.

Und da stellt sich heraus, daß der Zähler eines jeden Bruches die Summe der Zähler der beiden vorhergehenden Brüche ist; bei den Nennern ist es entsprechend ebenso... Also:

$$2/5 = \frac{1+1}{2+3}$$

$$3/8 = \frac{1+2}{3+5}$$

$$5/13 = \frac{2+3}{5+8}$$

Diese Gesetzmäßigkeit gehört zu den vielen Beobachtungen in der Natur, die uns zum Staunen bringen.

EIN ORDENTLICHER, GUTER STOCK

Zu eurer Ausrüstung als Waldforscher gehört auch ein richtiger Wanderstock. Doch mehr noch als beim Gehen soll er euch dabei helfen, das Gelände abzutasten, störende Dornenzweige vom Weg zu schieben, einen Laubhaufen zu durchstöbern, Kräuter und Moose zu betrachten, einen Zweig zu erreichen, den ihr mit der Hand nicht fassen könnt. Er muß gut sein: kräftig, doch nicht zu schwer, und nicht dicker als unbedingt nötig. Außerdem darf er auch schön sein!...

Ihr könnt ihn vollständig entrinden, wenn ihr die Rinde zu rauh und unschön findet. Dann ist er weiß und glatt. Und ein paar Striche mit Sandpapier glätten die Höcker, die die kleinen Nebenzweige hinterlassen haben. Ein guter Rat: Rundet mit Messer oder Raspel das Ende des Stockes ab, auf das sich eure Hand stützt. Der Stock ist dann besser zu greifen.

Mit einem glühenden Stück Holz oder einem heißen Eisen könnt ihr den Stock auch mit Tupfen versehen, die sich braunschwarz vom Weiß des Holzes abheben. Oder man entrindet den Stock nicht völlig, sondern entfernt die Rinde nur in spiralförmigen Bändern von oben bis unten, oder man schneidet ein Mosaik heraus – das ist dekorativ und leicht zu machen. Dazu eignen sich Stöcke von Haselnuß oder von Edelkastanie am besten.

Vielleicht habt ihr das Glück, einen Ast zu finden, um den sich ein Geißblatt so eng gewunden hat, daß die beiden Pflanzen fast zu einer Einheit geworden sind. Dann habt ihr einen Stock, der an die gedrehten Knüppel der „Incroyables" erinnert, jener neureichen jungen Stutzer mit den unglaublich gewaltigen Zweispitzen, die 1795–99 in Frankreich Mode waren. Auch unter den besten „Ziegenhainern", den Stöcken, die deutsche Studenten und wandernde Handwerksgesellen im 19. Jahrhundert trugen, waren diese spiralig gewundenen Formen sehr beliebt.

Wenn der Stock vom neuen Austrieb eines Baumstumpfs stammt, wird die Basis, die dann als Griffknopf dienen soll, verdickt sein. Macht euch das zunutze und schnitzt euch eine Kugel, einen Pilz, einen Kopf zurecht...

Wenn ihr euch den Stock an einer Astgabel ausgesucht habt, könnt ihr ein Stück vom andern Zweig der Gabel stehen lassen und zum Griff machen. Oder ihr macht diesen Griff zu einem Kopf mit langer Nase oder zum Vogelkopf mit langem Schnabel. Und dieser Griff kann euch als sehr nützlicher Haken dienen, mit dem ihr einen schwer erreichbaren Zweig heranziehen und genauer untersuchen könnt.

Es empfiehlt sich, den Stock mit einem Faustriemen zu versehen: einfach eine Schnur, ein kräftiger Bindfaden zur Schlinge geknotet oder ein schmaler Lederriemen. Durch ein Loch im Griff gezogen oder um den Griff festgebunden, macht er euch die Hände frei, ohne daß ihr den Stock gleich fallen lassen müßt. Wenn ihr den Griff nicht durchbohren könnt, ist es am besten, eine Kerbe um den Griff zu schnitzen, in der die Schnur fest liegt und nicht verrutschen kann.

Wir basteln eine Pflanzenpresse

Um ausgeschnittene Bilder aufzukleben oder Pflanzen zu trocknen, genügt es oft, sie unter eine Pappe oder ein Brett zu legen und darauf etwas Schweres zu stellen. Aber wenn ihr die Sachen überwachen und weiterbehandeln wollt, ist das nicht sehr praktisch. Außerdem erfordert es zuviel Platz.

Besser ist es, wenn man sich zwei sauber gehobelte Bretter beschafft, 40–50 cm lang, 30–40 cm breit. Zwei alte Reißbretter eignen sich gut dazu, auch wenn sie von Reißzwecken zerlöchert sind.

Ihr bezieht beide Bretter auf einer Seite mit einem dünnen Polster von Zeitungspapier; damit erreicht ihr die beim Pressen notwendige Nachgiebigkeit und Gleichmäßigkeit. Dieses Polster bedeckt ihr mit einem widerstandsfähigen Blatt (starkes Packpapier, Kartonpapier), das dann kräftig gespannt umgeschlagen und auf der andern Brettseite mit Klebestreifen festgeklebt wird.

Die beiden so vorbereiteten Bretter werden aufeinandergelegt (Papier auf Papier) und durch zwei kleine Schraubzwingen zusammengehalten. Man bekommt sie in Bastel- oder Werkzeuggeschäft. In diese Presse kann man Pflanzen bis zu 10 Papierstärken einlegen ohne fürchten zu müssen, daß sie sich verformen. Die Schraubzwingen nicht zu stark anziehen: sonst würde sich die Mitte des Brettes ausbeulen und der Druck ungleichmäßig werden.

Diese Presse kann man aufrecht in eine Ecke stellen. Dort stört sie nicht.

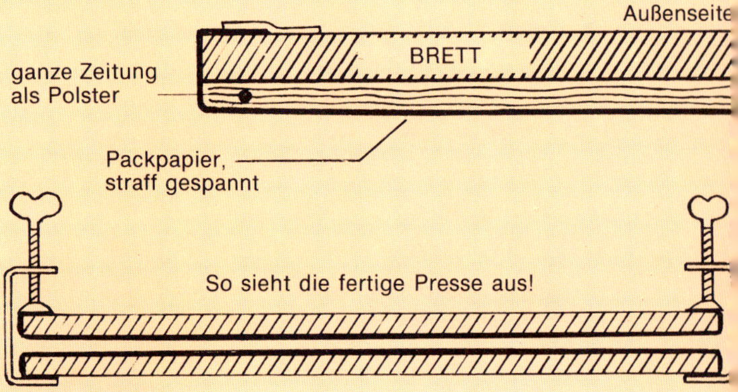

Und bei den Säugetieren . . .

Die langen, in auffallendem Winkel nach vorn geführten Hinterbeine erlauben dem Wildkaninchen, sofort aus dem Aufspringen zu fliehen.

Viele Säugetiere pflanzen sich ebenfalls im Frühjahr fort. Die Wildkaninchen paaren sich beispielsweise von Februar bis Mai. Sie sind sehr fruchtbar: 3 bis 6 Trachten im Jahr, jede mit 3 bis 7 Jungen, die sich im Alter von einem Jahr selbst ebenfalls vermehren! Da man gern sagt, daß zehn Kaninchen soviel fressen wie zwei Schafe, wird man verstehen, daß sie, wenn sie zu zahlreich werden, Schößlinge und neue Triebe zerstören, allzuviele Knopsen an niedrigen Sträuchern benagen und die Rinde abfressen, womit sie die natürliche Regeneration mancher Waldungen gefährden. Füchse und Raubvögel halten ihre Vermehrung in Grenzen. Aber seit 1952 dezimiert sie die schreckliche Epidemie *Myxomatose,* und seither bilden die Kaninchen keine Bedrohung für Wald- und Landwirtschaft mehr, doch ist das Gleichgewicht der Natur gestört.

Diese Tiere leben in rangmäßig aufgebauten Kolonien. Das Herrschaftsgebiet des Männchens mit seinem Gefolge von 6 bis 7 Weibchen ist um so größer, je stärker es selbst ist: dann vertreibt es die jungen und die schwächeren Männchen nachdrücklich aus seinem Gebiet.

Bei herannahender Nacht kommen auch die Feldhasen aus dem Wald, um in den Lichtungen und auf den benachbarten Feldern zu äsen. Größer als die Wildkaninchen und mit längeren Ohren ausgestattet, die dazu häufig schwarze Spitzen aufweisen, verstehen sich die Feldhasen ganz und gar nicht mit ihren Verwandten, den Kaninchen: sie werden aus ihrem kleinen Lebensbereich (100 bis 500 m im Umkreis) unnachsichtig vertrieben.

Das große Ereignis des Frühjahrs bei den Säugetieren ist das Setzen der Hochwildjungen – der Rehkitze Anfang Mai, der Hirschkälber drei, vier Wochen später (S. 40).

Hier am Waldrand erscheint ein eleganter Fuchs, gefolgt von seinen Jungen, die gegen Mitte Mai zum erstenmal ihre hübschen Gesichter am Ausgang des Fuchsbaus zeigen. Sie sehen anmutig und komisch aus wie kleine Plüsch-Spielzeugtiere, wenn sie da sofort beginnen herumzutollen. Still und listig setzt ihr Vater seinen Spaziergang fort und streift einen Baum mit der Fahne seines Schwanzes, ohne den Kopf zu heben.

Hält dieser Hase Wache, oder ruht er für einen Augenblick in einiger Entfernung von seinem Nachtlager aus?

Die kräftigen Hinterbeine erlauben es dem Eichhörnchen, von einem Baum zum andern Sprünge von mehreren Metern zu machen und dabei die Richtung mit dem langen Schwanz zu steuern. Wenn nur kein hungriger Marder, der besondere Feind des Eichhörnchens, den Spielen ein Ende bereitet!

Kann man sich vorstellen, daß dieser reizende junge Fuchs eines Tages die Tollwut übertragen kann? Ihr wißt, daß man in den letzten Jahren eine Zunahme dieser Krankheit festgestellt hat, ohne daß es jedesmal zur Ansteckung bei Menschen gekommen ist. Unbestritten gehört der Fuchs zu den Überträgern der Tollwut, aber man vergißt dabei, daß er nicht der einzige ist. Wird es, wenn man ihn ausrottet, nicht zu einer Bedrohung des Gleichgewichts im Wald kommen?

Plötzlich legt er sich vor einem Maulwurfshaufen auf die Lauer. Vielleicht hat er in den Gängen den grabenden Maulwurf gehört, dessen Fortschritte bei der Arbeit sich durch die aufgeworfenen Maulwurfshaufen abzeichnen. Reineke Fuchs setzt sich auf den Hinterläufen auf, die Ohren gespitzt. Ein Sprung, drei Tatzenhiebe, und da hat der Jäger den Maulwurf bereits quer in der Schnauze. Er verläßt seinen Posten, um im Schutz des Waldes zu fressen. Der Fuchs jagt nicht nur Federwild, das auf dem Boden nistet, z. B. Fasanen und Rebhühner, er stellt auch Mäusen und Maulwürfen nach.

Das behende und muntere Eichhörnchen ist schon vor mehreren Wochen aus seinem Winterschlaf erwacht. Es versucht, seinen Feinden durch die Schnelligkeit seines Laufes zu entfliehen. Es entkommt sogar dem Menschen, der dumm und grausam genug ist, es zu fangen und einzusperren, obwohl es das Glück des Eichhörnchens ist, in den Bäumen zu leben.

Pfeilschnell schlängelt sich ein Mauswiesel dahin, das man auch „Hermännchen" nennt. Meist mißt es unter 20 cm, den Schwanz mitgerechnet. Es überquert den Waldweg und benutzt, den Boden immer sorgfältig auswählend, einen Kaninchenwechsel, um sich nicht die Pfoten und den fast den Boden berührenden feinen gelblichweißen Pelz des Bauches naß zu machen. Eilig verbirgt es sich in einem Loch. Es besitzt mehrere Unterkünfte unter Baumwurzeln, von denen eine als Wochenstube vorgesehen ist, wenn das Weibchen im Mai 3 bis 7 Junge wirft. Das Schauspiel, wie die Mutter, von der Schar der mausgroßen Jungen im Gänsemarsch gefolgt, den Waldweg überquert, ist nicht selten zu beobachten. Der kurze Schwanz des Mauswiesels besitzt keine schwarze Spitze, sondern ist rötlichbraun wie die ganze Decke.

Und das unterscheidet das Mauswiesel vom Hermelin oder Großen Wiesel, seinem Vetter, dessen Frühlings- und Sommerfell fast vom gleichen Braunrot ist. Doch die Schwanzspitze ist stets schwarz, auch im Winter, wenn das Hermelin ganz weiß wird. Man begegnet dem Großen Wiesel vor allem in feuchteren Gebieten der Wälder, doch auch in offenem oder buschigem Gelände.

Nur ganz zufällig können wir drei hübschen Nagetieren begegnen, die aus dem Winterschlaf erwachen und vor allem nachts geschäftig werden: der Haselmaus, dem Garten- und dem Siebenschläfer.

Die sanfte Haselmaus hält sich in Dickicht und Unterholz auf; sie klettert ausgezeichnet. Es wird behauptet, sie könne sich mit den Hinterpfoten an den dünnsten Zweigen festhalten und mit dem Rücken zum Boden gekehrt klettern. In der Zeit der Fortpflanzung (jährlich zwei Trachten, jede mit 2 bis 7 Jungen) baut sie sich in einer schmalen Zweiggabel, bisweilen über einen Meter hoch, ein Kugelnest aus Halmen und Blättern, die sie mit ihrem Speichel sorgfältig zusammenklebt.

Der Gartenschläfer mit den schwarz umrandeten Augen ist ebenfalls ein guter Kletterer, der sein Nest durchaus allein bauen könnte. Doch meist findet er es praktischer, sich in verlassenen Nestern von Eichhörnchen oder bestimmten Vögeln einzurichten. Dort baut er sich dann aber zusätzlich ein kleines Dach aus Moos und Halmen.

Der Iltis mit seinem schönen Pelz wird leider oft ein Opfer der Fallensteller. Sein Fell ist sehr beliebt für Herrenpelze.

▶

Drollig, dieser Siebenschläfer und die Haselmaus darunter, jedes Tier in seinem Loch im Baum. Die Haselmaus ist Pflanzenfresser, doch der Siebenschläfer, ein Allesfresser, schreckt auch nicht davor zurück, ein Vogelnest auszunehmen.

Ricken, Hirschkühe und Kälber

Eine Art „Bürste" an den Hinterläufen erlaubt dem Rehbock zusammen mit den Drüsen der Haut, sein Territorium zu markieren. *Seine Schwester, die Ricke, zeigt hier deutlich den hellen Fleck des „Spiegels", der das Hinterteil einrahmt.*

Rehe sind vor allem in ausgedehnten Wäldern verbreitet, in denen sich größere Wiesen befinden. Anfang Mai sondert sich die Ricke, das weibliche Reh, nach einer langen Tragezeit von neuneinhalb Monaten ab und sucht Zuflucht im Gestrüpp oder unter Farnen im dichten Wald. Dort kommen Zwillinge zur Welt, immer ein Männchen und ein Weibchen, die man Kitze nennt. Oder man spricht von Rehkalb. Mit etwa sechs Monaten verlieren sie die weißen Flecken ihres Kinderkleides.

Kaum eine Stunde alt, von der Mutter liebevoll saubergeleckt, mühen sie sich schon, sich auf die Beine zu stellen. Bei der Geburt wiegen sie kaum ein Kilogramm. Dieses Gewicht verdreifachen sie binnen einer Woche. Am Ende dieser Zeit knabbern sie ihr erstes Blatt. Mit drei Wochen sind sie bereits imstande wiederzukäuen.

Die Rehkälber (Kitze) bleiben im Gebüsch versteckt. Die hellen Flekken auf dem Rücken lassen sie mit der Umgebung verschmelzen. Die Ricke, die den Platz gewählt hat, wo die Jungen gut getarnt liegen, kommt zu ihnen, um sie trinken zu lassen. Überdies behütet sie ihre Jungen mit großer Wachsamkeit. Sie warnt sie vor drohender Gefahr mit einem Alarmpfiff oder indem sie mit dem Huf auf den Boden klopft.

Die Ricke verteidigt ihren Wurf entschlossen und greift notfalls Füchse, Iltisse, Marder, Wiesel und wildernde Katzen mit Schlägen der Vorderhufe an.

Faßt nie ein junges Säugetier an, weil ihr glaubt, es sei verlassen, denn die Mutter, die das Jungtier in einem Versteck untergebracht hat, von dem sie sich ein Stück entfernen kann, verläßt es bestimmt, wenn ihr es berührt habt. Dann wird es qualvoll umkommen. Ihr könnt es betrachten, fotografieren, aber niemals streicheln ...

Mit zwei Monaten folgen die Kälber ihrer Mutter, und die Familie tut sich manchmal mit einem andern Reh zusammen. Das kann ein Männchen sein, wenn auch die „Spießer" gewöhnlich für sich leben. (Der Name Spießer kommt von den spitzen „Stangen", dem kleinen Geweih, das bei Rehen am Ende des ersten Jahres auf der Stirn erscheint.)

Die kleinen Gruppen, die sich so bilden, sind sehr verschiedenartig, doch in jedem Fall verlassen die Jungen die Mutter erst bei der Geburt der Geschwister im nächsten Frühjahr.

Das Verhalten des Rehes wird stark von seiner Erregbarkeit und von großer Neugier bestimmt, die sein schlechtes Sehvermögen ihm nicht zu stillen erlaubt. Wenn ihr beim Betrachten eines Rehbocks, der in der Ferne am Waldrand äst, unbeweglich bleibt – und wenn ihm der Wind nicht euern Geruch zuträgt –, wird er näher kommen, aber stehenbleiben, sobald die Furcht vor dem Unbekannten stärker ist als seine Neugier. Und wenn ihr auch nur einen Finger rührt – weg ist er!

Stark an seinen Gewohnheiten festhaltend, sucht er stets die gleichen Plätze zur gleichen Stunde auf, und seine Wege erstrecken sich über ein bis zwei Kilometer. Am besten beobachtet man ihn in der Morgen- und Abenddämmerung, aber zu Ende des Winters kann man ihn auch am hellen Tage sehen. Um diese Zeit ist seine Decke ein wolliger Pelz geworden, dicht und mit Grau und Braun verziert. Unter der Kehle trägt er in allen Jahreszeiten einen Fleck gelblicher Haare, ein zweiter ähnlicher Fleck umgibt das Hinterteil und wird „Spiegel" genannt. Dieser Fleck wird bei Einsetzen des Frostes schneeweiß. Wenn das Tier sehr unruhig ist oder erschreckt wird, sträuben sich die Haare des Spiegels und erwecken den Eindruck, als sei der Fleck doppelt so groß.

Nach einem starken Regenguß tritt das Reh, zu welcher Stunde es auch sein mag, aus dem Wald, um auf der Wiese trocken zu werden.

Im Frühjahr erlebt auch die Hirschkuh die Sorgen und Freuden der Mutterschaft. Doch sie setzt im Wald nur ein einziges Kalb mit rotgoldenem Fell, auf dem Rücken kremfarben gefleckt. Der Bauch ist von hellem Gelblichgrau.

Wenn das Hirschkalb einige Wochen alt ist, schließt es sich den andern Jungen an. Sie bilden fröhliche Gruppen, die jeden Abend auf bestimmten Spielplätzen herumtollen. Wenn die Nacht kommt, kehren alle Hirschkälber zum Schlafen zum Rudel zurück. Dieses hat sich wieder gebildet, nachdem sich die Hirschkühe isoliert hatten, um ihre Kälber zu setzen und sie während der ersten Wochen allein zu versorgen. Im Juli vereinigen sich die Mütter abermals, und ein altes Weibchen, das keine Jungen mehr haben kann (man nennt es „Gelttier"), leitet die Gruppe. Die Tiere, die dieser Alten gehorchen, verlassen sich auf ihre Klugheit. Sie führt das Rudel abends zum Äsen, bestimmt die einzuschlagenden Wege, die Stunde der Rückkehr und der Ruhe …

Schon im ersten Sommer bilden sich zwischen den Ohren des männlichen Hirschkalbes zwei kleine rundliche Erhöhungen („Kolben"), die Teil des Stirnbeins werden. Zu seinem ersten Geburtstag nennt man ihn „Spießhirsch", da aus diesen Kolben die kleinen Spitzen des ersten Geweihs durch das Fell dringen. Die junge Hirschkuh zeichnet sich durch ihre eleganten Linien und durch den langen, schlanken Hals aus. Man nennt sie nun Schmaltier, während sie im ersten Jahr Wildkalb hieß.

Wenn ihr, gut versteckt, auf dem Anstand seid, um die Hirschkuh und ihr Kalb zu beobachten, dann warnt ein verfeinerter Instinkt das große Tier beim geringsten Laut vor eurer Anwesenheit: mit einem erstickten Brummen gibt sie dem Jungen das Signal zur gemeinsamen Flucht in den Schutz des dichten Waldes …

Auf einen Befehl der Mutter, die das neugeborene Kitz allein lassen muß, drückt sich das von der Ricke versteckte Jungtier zur Kugel zusammen, den Kopf zwischen den Schenkeln, und hält die Luft an, bis die Mutter das Ende der Gefahr anzeigt.

Die Rudel der Hirschkühe bleiben den Rudeln der männlichen Hirsche den größten Teil des Jahres fern. Nach der gegenseitigen Hilfe während des Winters entfernen sich die Hirsche im Februar abermals von den Hirschkühen.

Dieser Rot- oder Edelhirsch unserer Wälder ist, wie man sagt, „im Bast": sein Geweih, das jedes Jahr neu wächst, ist noch mit einer feinen, samtigen Haut überzogen, von der er sich befreit, indem er das Geweih an Baumstämmen scheuert.

Der Sommer

Der Rote Fingerhut wird 1,5 m hoch. Seine hängenden Blüten bringen Kapselfrüchte, mit Samenkörnern gefüllt. Die Pflanze erobert rasch die Kahlschläge.

Der Sommer ist die Jahreszeit scheinbarer Ruhe im Wald. In der Julihitze unterbricht kein Laut die mittägliche Stille. Der Kuckuck hat seine Rufe eingestellt. Die Brutzeit ist vorüber. Tagsüber schweigen die Vögel; sie singen nur noch in der Morgendämmerung, wenn sie ihr Tagewerk aufnehmen, oder allenfalls noch einmal in der Abenddämmerung.

Die Sonnenenergie hat ihren Höhepunkt erreicht, und mit allen Blättern, im Spiel der vielen Grüntöne, absorbieren die Bäume diese Energie. Sie produzieren Holz, sammeln Vorräte, bereiten ihre Früchte vor.

Die „Schattenwesen" treten an die Stelle der früh reifen Blütenpflanzen des Frühlings. Überall sieht man jetzt Farne. Wedel nennt man das schöne gefiederte Blatt des Adlerfarns. Manchmal ist er größer als mannshoch, wuchert schnell und ist tief im Boden verankert.

Im Frühling bewundern wir die Blüten, die die Sonne lieben. Im Sommer finden wir andere, die sich nur im Schatten wohlfühlen und im Unterholz blühen. Fast unter dem Adlerfarn wächst die Blutwurz aus der Gattung Fingerkraut empor. Wenig anspruchsvoll, gedeiht

sie überall. Seht sie genau an! Wir erkennen vier gelbe Blütenblätter, die, wie es heißt, die ultravioletten Strahlen reflektieren, wodurch die Bienen angezogen werden. Diese finden – wie übrigens auch Fliegen und Schmetterlinge – Nektar in einer schüsselförmigen Drüse unter den zahlreichen Staubgefäßen der Blüte.

Auf Lichtungen wächst ein anderes Fingerkraut, dieses aber fast kriechend. Man nennt es Erdbeer-Fingerkraut, weil seine Blätter sehr denen der Erdbeere ähneln, ebenso die Blüten im April und Mai. Doch seine Früchte, die, sehr trocken, zunächst das Aussehen winziger, noch grüner Erdbeeren haben, wachsen nicht und werden niemals rot. Im Juni, Juli kann man sich also nicht mehr täuschen.

An manchen feuchten Stellen blüht das Springkraut (eine Balsamine) von Juni bis September. Es liebt den Schatten so sehr, daß es beim kleinsten Sonnenstrahl verwelkt.

Die gelben Blüten, die gut 3 cm erreichen können, hängen am Ende langer, dünner Stiele. Sie sind mit einem gekrümmten Sporn versehen, der Nektar enthält. Außer den großen Blüten trägt das Springkraut noch kleinere, die die Eigentümlichkeit haben, geschlossen zu bleiben. Sie enthalten Staubgefäße und Griffel, die gemeinsam reif werden. Die Fortpflanzungsorgane bestäuben sich also ohne Hilfe von besuchenden Insekten. Das ist die bei Waldblüten häufige Selbstbestäubung.

Die Frucht des Springkrauts ist eine Kapsel mit 5 Klappen, die schwarze Körner enthalten. Diese Kapsel platzt, sobald sie reif ist, und rollt dabei die fünf Klappen spiralig nach außen. Die Körner werden dabei manchmal bis zu 4 m weit geworfen, daher der volkstümliche Name der Pflanze: Rührmichnichtan... Wegen dieser Art, den Samen auszuwerfen, bedeckt das Springkraut ziemlich große Flächen.

Noch häufiger werdet ihr das Kleinblütige Springkraut finden, dessen Blütenstand sich über die Büschel der großen Blätter erhebt. Die Blüte ist winzig: 1 cm groß. Auch sie bringt explodierende Früchte. Aber die Balsaminen sind nicht die einzige Gattung, die ihre Samenkörner so abschießen. Der Ginster, dessen Goldschmetterlings-Blüten im Juli oft die Lichtungen und den Waldrand verzaubern, bekommt beispielsweise Schoten, die es ebenfalls so machen.

Die „Lichtblüten" des Sommers finden sich zwangsläufig auf den Lichtungen und nicht im Unterholz. Von Mai bis September, je nach den Gegenden, und im allgemeinen bis in eine Höhe von 500 bis 600 m, entdekken wir die Blüten des Roten Fingerhuts mit seinen schön geformten Blättern, die an der Unterseite weiß behaart sind. Aber bitte Vorsicht: die Pflanze ist in allen Teilen giftig.

Die Blutwurz hat vier gelbe Blütenblätter. Die Staubgefäße sind zahlreich. Es ist kein Kreuzblütler, sondern ein Rosengewächs.

Hummeln und Bienen bestäuben die großen hängenden Blüten des Springkrauts, während die kleinen Blüten diese Hilfe nicht brauchen.

In der gelben Blüte des Besenginsters liegt der Griffel zusammengerollt; er ist länger als das „Schiffchen" (das untere Blütenblatt). Das obere Blütenblatt nennt man die „Fahne".

Der Rote Fingerhut ist oft mit dem Schmalblättrigen Weidenröschen vergesellschaftet, das im ganzen deutschen Sprachgebiet die verschiedensten Namen hat, z.B. Brand-, Donner-, Feuer-, Hexenkraut, Stolzer Heinrich, Fuchs-, Katzenschwanz, Antonius- und St.-Antonskraut. Die langen aufgerichteten Blütentrauben dieser auffallenden Pflanze sind von Juli bis August weinrot. Die Früchte in schmalen Kapseln geben zahlreiche, mit weißem Haarbüschel versehene Samenkörner frei. Diese Samen fliegen einer nach dem andern mit dem Wind davon. Der Wurzelstock trägt außerdem mehrere Knospen, die neue Pflanzen bringen, so daß es bald ein dichtes Beet von prächtigen Weidenröschen gibt. Solange die Bäume der Lichtung nicht neu austreiben und viel Schatten geben, wird es dort blühen.

Ein Pflanzenbuch wird euch helfen, auch andere Arten zu erkennen, die bis zum September blühen: Goldrute, Taubnessel, Fichtenspargel, Rote und Weiße Nachtnelke und das Ruprechtskraut, die behaarte Geranie: der Stinkende Storchschnabel.

Die schmalen, weichen Blätter, am Rand zurückgerollt und mit hervortretenden Nerven, sind der Grund für den Namen Schmalblättriges Weidenröschen. In manchen Gegenden nennt man es Tönniesrose (Antoniusrose).

Von der Blüte zur Frucht ...

Blütenpflanzen bringen nur Früchte, wenn sie vorher befruchtet worden sind.

Die Pollenkörner, die, wenn sie reif sind, aus den Staubbeuteln kommen, sind die männlichen Zellen. Sie müssen sich mit den weiblichen Eizellen, den künftigen Samenkörnern, vereinigen, damit die Befruchtung vor sich gehen kann.

Diese Eizellen sind in dem Fruchtknoten eingeschlossen, dessen Verlängerung Griffel genannt wird. Das Pollenkorn, festgehalten von dem klebrigen Ende des Griffels, der Narbe, keimt dort und schiebt in den Griffel einen Schlauch hinein, durch den das Pollenkorn in den Fruchtknoten hinabwandert und die Eizelle befruchtet. Darauf beginnt der Fruchtknoten zu wachsen: er wird zur Frucht, während sich die Eizelle – oder die Eizellen –, die er enthält, zu Samenkörnern ausbilden.

Der Transport des Pollens geht manchmal leicht vor sich, weil Staubgefäße und Griffelnarbe, auf die der Pollen fällt, nahe beieinanderstehen. Doch häufig treten Schwierigkeiten auf. Vielleicht sind die Staubgefäße weit vom Griffel entfernt, vor allem, wenn die Pflanze nur eingeschlechtige Blüten hat, also männliche und weibliche getrennt (das ist bei vielen Bäumen der Fall, man nennt sie einhäusig); manchmal wachsen sie sogar auf verschiedenen Pflanzen, die man dann zweihäusig nennt. Häufig reifen die männlichen und die weiblichen Organe auf derselben Pflanze nicht zur gleichen Zeit; das erfordert den Transport des Pollens auf weit entfernte Griffel, deren Fruchtknoten die Reife bereits erreicht hat.

Die Insekten, die die Blüten aufsuchen, bewirken, ohne es zu wissen, diesen Transport des Pollens, der an ihrem Körper haftenbleibt. Auch der Wind übernimmt bisweilen diese Aufgabe: im Frühjahr könnt ihr manchmal wahre Pollenwolken rund um die Bäume sehen, so überreich, daß die Bestäubung trotz aller Schwierigkeit und trotz der großen Mengen verlorengehenden Blütenstaubes sichergestellt ist.

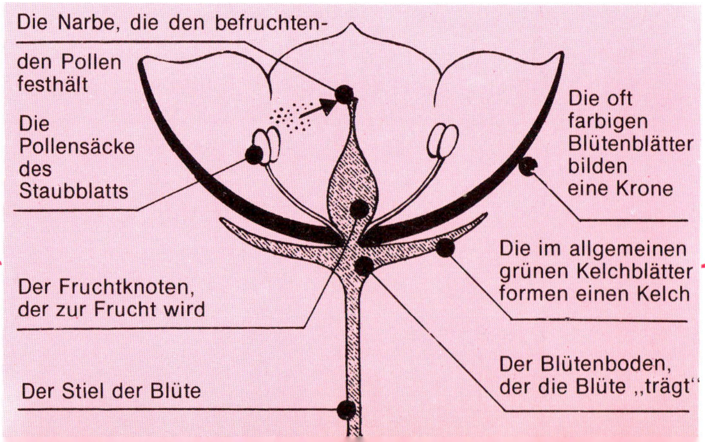

Glückliche Zufallsfunde

Wieviel Möglichkeiten phantastischer Erfindungen bietet uns der Wald! Wir sammeln Früchte (Eicheln, Kastanien, Zapfen der Nadelbäume, die geflügelten Ahornfrüchte), Körner, kleine Zweige, knorrige, seltsam geformte Wurzeln...

Wir werden sie uns gleich zunutze machen. Das notwendige Material ist einfach: ein gutes Taschenmesser, eine kleine Schere, eine Gartenschere für die härteren Zweige, eine Federzange oder gute Pinzette, um winzige Teile zu fassen, eine kleine Feile und schnell trocknender Kleber.

Oft sind es die seltsamen Formen der Zweige und Wurzeln des Heidekrauts, die sich je nach den Hindernissen, auf die sie beim Wachsen gestoßen sind, nach allen Richtungen krümmen, die unsere Phantasie anregen. Wenn ihr mit dem Messer geschickt nachhelft, schafft ihr aus solchen Objekten mit wenig Mühe Menschen- oder Tiergestalten, die oft recht drollig sind. Vielleicht finden sie Platz auf einem Regal, in einem Glasschrank und bringen euch zum Schmunzeln, wenn sie euch an die schönen Stunden erinnern, in denen ihr sie gemacht habt.

Der Tänzer ist aus einem von Natur aus verschlungenen Zweig-

stück mit gekrümmten Seitenzweigen entstanden. Nur das gehobene Bein ist zugefügt; eine kurz geschnittene Astgabel des benutzten Zweiges ist zum Fuß geworden.

Der Vorstehhund ist eine Wurzel, die bis auf einige Schnitte an den beiden Enden unverändert geblieben ist. Zwei Stücke von Ahornfrüchten genügen, um die Hängeohren zu bilden, und zwei glänzende Vergißmeinnicht-Samen, um ihm die belebenden Augen zu geben.

Der Kopf des Holzmännchens ist eine Eichel; der nicht entfernte Becher gibt eine originelle Kappe. Zwei Ginstersamen und ein Kiefernsamen, auf ein Leimtröpfchen gesetzt, dienen als Augen und Nase. Eine verkümmerte Eichel mit ihrem Stiel ist als Tabakspfeife benutzt worden.

Der Körper ist hier ein Zypressenzapfen. Ebensogut könnte es eine Kastanie, ein kleiner Kienapfel im ersten Jahr sein. Arme und Beine findet man unter kleinen Zweiggabelungen, unter verdrehten oder stark gebogenen Zweigen. Besonders Heidekraut liefert in Mengen solche dünnen gegabelten Zweige, bei denen man an die verschiedensten Bewegungen denken kann. Legt euch einen reichlichen Vorrat zu; ihr werdet zahllose Möglichkeiten darunter entdecken.

Macht mit einem Bohrer oder einem Pfriem an den geeigneten Stellen Löcher in die Eichel (für den Hals) und in die als Körper dienende Frucht. Hals, Arme, Beine werden – zugespitzt – mit ein wenig Kleber in die Löcher gedrückt und in die gewünschte Stellung gedreht.

Die Füße des hier abgebildeten Männchens sind zwei Ahornfrüchte, die feinen Hände wurden mit Hilfe der Schere aus den Dolden des Bärenklaus geschnitten. Das übrige tut der Kleber.

Sieht unser Mann, wie er da auf einem Aststück, das von Flechten bedeckt ist, sitzt, nicht aus wie ein Spaziergänger, der auf einem gefällten Baum ausruht?

VOM VORKEIM ZUM WEDEL

1

6

2

3

Es gibt bei uns etwa fünfzig Arten der sechs Farnfamilien. Diese schönen, blütenlosen Pflanzen verdienen es, daß wir sie kennenlernen.

4

Im Gegensatz zu den meisten Pflanzen tragen die Farne ihre Blätter auf einem kriechenden Sproß, der meist unterirdisch ist, dem Rhizom. Dieses Rhizom hat Knospen und bringt, je nach der Art, entweder ein Blatt (man nennt es Wedel) oder mehrere in Form einer Krone hervor. Unter jeder Knospe entwickelt sich ein kleines Wurzelbüschel, das die Pflanze fest verankert und ernährt.

Die Rückseite der Wedel trägt kleine grüne Knöpfe, die reifen und dabei zu bräunlichen Kissen werden. Diese „Sporangien", Sporenträger, enthalten die Sporen, die zur Vermehrung der Farne dienen.

Von den vielen Farnarten sollte man vielleicht Adlerfarn, Schildfarn, Wurmfarn, Tüpfelfarn oder Engelsüß und Hirschzunge zu unterscheiden lernen.

5

1 *Adlerfarn*
2 *Schildfarn*
3 *Wurmfarn*
4 *Tüpfelfarn, Engelsüß*
5 *Hirschzunge*
6 *Beobachtung eines sich öffnenden Blattes*

Von diesen fünf weist nur der Adlerfarn „Zweige“ in mehreren Stockwerken auf. Meint ihr vielleicht, daß dieser Farn, der fast wie ein Strauch aussieht und ja wirklich zwei Meter und höher werden kann, einen Stamm mit Zweigen besitzt? Weit gefehlt – es ist ein einziger Wedel, der mehrfach gefiedert ist.

Schild- und Wurmfarn sind beide doppelt gefiedert, doch beim Wurmfarn sind die Fiederchen nicht völlig geteilt, sondern bleiben am Nerv miteinander verbunden, während sie beim Schildfarn einzeln aus dem Nerv herauswachsen. Dadurch wirkt der Wedel des Schildfarns überaus graziös. Der Wurmfarn mit seinen Wedeln bildet dagegen einen fast regelmäßigen Trichter.

Der Tüpfelfarn ist sehr viel kleiner und hat nur einfach gefiederte Wedel. Die Fiedern sind breit, ganzrandig, ein wenig gewellt, von Nerven durchzogen. Ihr findet ihn an moosigen Felsen und faulenden Baumstümpfen. Sein zweiter Name – Engelsüß – könnte euch vielleicht dazu verführen, seine Wedel auszusaugen. Doch das ist nicht ratsam. Früher verwendete man das Rhizom mit seinen süßenden Bestandteilen in den Apotheken zu Hustensäften.

Ein anderer Farn, Hirschzunge genannt, weist ungefiederte Wedel auf, deren Ränder ebenfalls gewellt sind. Da dieser Farn sehr dekorativ ist, haben ihn Liebhaber allzuoft ausgegraben, so daß er in bestimmten Gebieten recht selten wird und in Deutschland völlig geschützt ist.

Die Natur hat die Farne so ausgestattet, daß sie sich ohne Blüten vermehren können. Jede Fortpflanzungseinrichtung ist in einem kleinen Sack untergebracht, der mit einem winzigen Bogen ausgestattet ist. Und wenn es trocken ist, zieht sich der reife Sack zusammen, und hopp!, die Sporen sind frei.

Sobald sie zur Erde fallen, keimen viele von ihnen. Es entsteht ein kleiner grüner Trieb, mit absorbierenden Haaren versehen: dieser Vorkeim der Farnpflanze heißt Prothallium. Auf der Unterseite befinden sich winzige Säckchen mit männlichen Zellen, und kürbisähnliche kleine Organe enthalten je eine große weibliche Zelle. Bei Feuchtigkeit verlassen die mit langen Wimpern versehenen männlichen Zellen ihren bisherigen Platz und schwimmen in dem Regenwasser, das sich unter dem Prothallium angesammelt hat, auf eine weibliche Zelle zu. Aus ihrer Vereinigung entsteht ein Ei, das den eingerollten jungen Wedel einer neuen Farnpflanze bringt.

Auf den Lichtungen

Kriechendes Fingerkraut

Ruprechtskraut oder Stinkender Storchschnabel

Wald-Erdbeere

Weiße Nachtnelke

Vorrang der Insekten

Runde Gallen auf der Unterseite von Eichenblättern, hervorgerufen von einer winzigen Gallwespe.

Zwei Larven der Minierfliegen haben ihre Gänge in diesem Brombeerblatt gezogen. Die zu Anfang schmale Mine verbreitert sich bis zum Ausgang der Larve, die gewachsen ist, während sie die lebendige Schicht des Blattes fraß.

Im Sommer ist der Wald das Reich der Insekten. Fliegen, Bremsen und Mücken, die euch überall umgeben und oft genug belästigen, findet ihr gewiß unangenehm. Doch diese lästigen Zweiflügler sind vielleicht nicht einmal die zahlreichsten Insekten im Wald. Millionen von Kieferzangen zernagen die Blätter, zerraspeln das Holz. Die Insekten machen 80% der Tierarten des Waldes aus! Und wißt ihr, daß mehr als 60 Hauptarten von Insekten die Eiche von den Wurzeln bis zu den Blüten ausbeuten?

Die von den Stechmücken am stärksten heimgesuchten Waldteile sind die, wo lehmiger Boden die Bildung von Pfützen und kleinen Tümpeln auf den Wegen ermöglicht. Dort gibt es überreichlich Gelege und Larven von mehreren Arten, deren ausgewachsene Tiere euch von April bis November quälen.

Die Frösche und Molche der Waldbäche lassen sich die Larven schmecken; schlank- und dickbäuchige Libellen schnappen die Mücken im Flug, wie es auch die Schwalben tun, aber die Sippschaft der Mücken ist so fruchtbar, daß unablässig neue Heere nachwachsen.

Unter den Räubern ist einer der nützlichsten die Rote Waldameise, die zahlreiche Schadparasiten bekämpft. Man hat begonnen, in Wäldern, in denen es an Ameisen fehlt, Kolonien davon anzusiedeln, so wichtig sind sie für das natürliche Gleichgewicht.

Die Insekten, die wir beobachten können, ernähren sich überwiegend von Blättern oder von den lebenden Schichten der Rinde und des Holzes. Es sind maßlose Fresser, denn im allgemeinen können sie die Zellulose kaum verdauen und sind deshalb gezwungen, große Mengen pflanzlicher Materie aufzunehmen.

Von Juni bis August ist ein kleiner Schmetterling von zartem Grün und etwa 2,5 cm Länge sehr häufig in den Eichenwäldern. Es ist der Eichenwickler. In manchen Jahren vermehrt sich dieses Insekt besonders stark: Mengen seiner Raupen zerfressen die Eichenblätter. Sie lassen sich langsam, an einem Spinnfaden hängend, herabsinken. Dann fertigen sie ihren Kokon, in dem sie sich verpuppen. Die Raupe rollt ein Blatt zusammen, indem sie Seidenfäden von einem Rand der Blattoberfläche zum andern spannt. Beim Trockenwerden ziehen sich die Seidenfäden zusammen, und das Einrollen beginnt, das die Raupe vollendet, indem sie immer kürzere Fäden zieht.

Und was enthüllen diese unregelmäßigen Zeichnungen auf der Ober- und Unterseite der Blätter? Es sind die Spuren der Aktivität von Minierraupen. Winzige Schmetterlinge legen ihre Eier in die Blattspreite. Die kleinen platten Raupen, die ausschlüpfen, ziehen, während sie sich ernähren, einen Gang im Blattgewebe.

Häufig ziehen Gallen unsere Aufmerksamkeit beim Spaziergang auf sich. Das sind pflanzliche Auswüchse, die vom Stich bestimmter Insekten hervorgerufen werden. Untersuchen wir einmal die Zweige und die jungen Triebe einer Pappel. Sie weisen häufig Auswüchse in Form einer Spindel auf, die 2 bis 2,5 cm lang werden kann. Auf demselben Zweig kann es mehrere Gallen geben. Sie entstehen, wenn sich die Larve des Aspenbocks im Baum befindet. Das erwachsene Insekt, das sich im Mai und Juni auf den Zweigen aufhält, ist ein kleiner Käfer (1 bis 1,5 cm) aus der Familie der Holzböcke. Seine Larve lebt zwei Jahre.

Wenn wir die Rinde von einem geschlagenen Baumstamm lösen, die ein wenig vom Holz abgehoben zu sein scheint, erkennen wir häufig mehr oder weniger sternförmig angelegte Gänge der Holzbohrkäfer oder anderer Borkenkäfer. Ein lebender Nadelbaum, von diesen Insekten befallen, wird gelb und trocknet von der Spitze her aus, weil die vielen, sich kreuzenden Gänge in der lebenden Schicht der Rinde den Kreislauf des Saftes abschneiden. 38 verschiedene Borkenkäferarten bevorzugen unsere Tannen, 54 unsere Kiefern und 35 unsere Fichten.

Andere Larven, wie die der Holzböcke und der Weidenbohrer, richten Verheerungen an. Doch zum Glück gibt der Wald auch ihren Feinden Obdach. Im folgenden einige Beispiele.

Da sehen wir einen prächtigen Käfer mit schwarzem Kopf und Brustschild, metallisch in blauen und violetten Tönen schimmernd. Die Flügeldecken leuchten grün, gelb und rot, je nach dem Einfallwinkel des Sonnenlichts. Es ist der Puppenräuber. Er legt seine Eier im Boden ab, und seine Larve, kaum ausgeschlüpft, kriecht in den Wipfel eines Baumes und richtet dort Verwüstungen an unter den Prozessionsraupen. Sie lebt bisweilen sogar im Nest der Prozessionsraupen, bis sie zum Boden zurückkehrt und sich zur Puppe verwandelt.

Das erwachsene Insekt frißt die Raupen nicht nur, sondern tötet viele weitere durch Bisse mit den Kieferzangen. Wenn gegen Ende des Sommers die Nahrung knapper wird, versetzen sich die Puppenräuber in einen Zustand verlangsamten Lebens und kriechen vom Baum herab, um, im Erdboden eingegraben, zu überwintern.

Zertretet diesen Freund nicht! Auf Korsika haben die Raupen des Schmetterlings Eichenspinner im Jahr 1954 nahezu 20000 Hektar Korkeichenwälder entlaubt, und die Puppenräuber, die in großen Mengen von Sammlern des französischen landwirtschaftlichen Forschungsinstituts gesucht und nach Korsika gebracht worden waren, haben die Waldungen binnen drei Wochen völlig von ihren Schädlingen befreit.

Ebenso nützlich für das natürliche biologische Gleichgewicht sind die Sandläufer. Der Waldsandläu-

Eine Baumwanze saugt einen Roten Pappelblattkäfer aus, der Blätter frißt.

Der Aspenbock – hier fast zweifach vergrößert – richtet schwere Schäden an, wie ihr auf dem Foto darunter sehen könnt. Das Weibchen sucht sich junge Bäume im vollen Saft aus, um dort ihre Eier unter die Rinde zu legen.

Die Buchenblätter tragen häufig entlang der Hauptnerven kleine, spitz zulaufende Gallen, die von gallenbildenden Blattläusen herstammen.

Der Eichen- oder Heldbock ist ein schöner Käfer, dessen Antennen eine Länge von 8 cm erreichen. Vielleicht könnt ihr das Tier im Juli auf alten, zum Teil morschen Eichen beobachten.

fer hat auf seinen mattbraunen Flügeldecken mit den schimmernden Reflexen gelblichweiße Flecke. Die leichtbehaarten Beine sind von einem ins Violette spielenden Rot. Am Kopf fallen die schwarzen Augen auf, die hoch über den gekrümmten Kiefern stehen.

Man sieht diese Käfer an sandigen, sehr besonnten Stellen, also vor allem auf den Wegen von Nadelwäldern und Dünenwaldungen. Sie jagen am Boden, fangen ihre Beute jedoch auch im Flug. Die Larven sind mächtige Räuber. Wenn die Larve aus dem in den Boden gelegten Ei schlüpft, gräbt sie einen senkrechten Bau von 40 bis 50 cm Tiefe. Zwei Häkchen an der Rükkenseite des fünften Körpersegments erlauben ihr, sich in ihrem Bau zu verankern. Ihre Füße sind sehr beweglich, und ihr abgeplatteter Kopf mit den kurzen borstigen Haaren ist sehr hart – im Gegensatz zum übrigen Körper. Mit diesem großen Kopf verschließt sie die ganze Öffnung ihres Ganges. Wenn nun ein Insekt zu nahe kommt, wird es gepackt und sofort auf den Grund des Ganges gezogen und dort verzehrt...

Der Puppenräuber ist ein großer Helfer des Forstwirts. Er ist geschützt. Die Larven und die ausgewachsenen Tiere können wöchentlich etwa 20 Prozessionsspinnerraupen vernichten.

Der sehr nützliche Waldsandläufer hat Beine, die gut zum Laufen geeignet sind. Er trottet im Sonnenschein dahin, fliegt dann auf wie eine Fliege und nimmt seine Jagd nach kurzem Flug wieder auf.

Vögel gegen Schadinsekten

Die Schadinsekten unserer Wälder haben nicht nur andere Insekten zu Feinden. Auch Vögel fressen sie und vermindern so ihre Populationen. Dazu gehört die Waldohreule. Sie ist vollendet an das Wald-Biotop angepaßt. Außer Insekten verzehrt sie noch Feld- und Schermäuse, allerdings – wenn die Nager knapp werden – auch Maulwürfe und Spitzmäuse, wenn nicht gar Stare und Finken (S. 52).

Nahezu alle Tagraubvögel nisten im Wald in den größten Bäumen. Doch jeden Tag fliegen sie in die

Der Habicht *(etwa 50 cm bei 1 m Spannweite) nistet im Wald sehr hoch und oft auch weiter vom Waldrand entfernt als der Mäusebussard. Das Territorium eines Habichtpaares kann sich über mehr als 3000 ha erstrecken.*

Der Turmfalke *(34 cm bei 75 cm Spannweite), Jahresvogel oder Teilzieher, breitet sich allmählich in Mittel- und Westeuropa wieder aus, wo er sehr dezimiert war. Kopf und Schwanz des Männchens sind grau.*

Der Mäusebussard *(53 cm lang und bis zu 1,30 m Spannweite), Jahresvogel oder Teilzieher, ist ziemlich häufig bei uns. Sein Gefieder ist sehr unterschiedlich, bei manchen Tieren sehr hell, bisweilen fast weißlich, bei andern recht dunkel.*

Der Baumfalke, *etwa von gleicher Größe wie der Turmfalke, ein Sommervogel, der im April aus Afrika eintrifft und im September dorthin zurückkehrt. Er nistet in einem verlassenen Krähennest, das er mit ein paar Zweigen vergrößert.*

Der Sperber *baut seinen Horst häufig in einer großen Fichte. Das Weibchen (38 cm) ist größer als das Männchen (28 cm) und legt im Mai–Juni 4 bis 6 Eier, die es 5 bis 6 Wochen lang bebrütet.*

Umgebung, um Beutetiere zu finden. Der Turmfalke beobachtet – rüttelnd an einem Platz bleibend – sein Jagdgebiet, das sich etwa einen Kilometer tief in die benachbarten Felder erstreckt. Der Wespenbussard gräbt am Fuß von Bäumen die Nester der Wespen und Hornissen aus. Der Sperber findet in Laubwäldern, die mit Fichtengruppen gemischt und von einem Bach durchzogen sind, die richtige natürliche Umwelt und frißt Mengen großer Insekten, wenn er auch Nager und Jungvögel vorzieht.

In lichten Wäldern, auf der Ebene und im Mittelgebirge lebt der Baumfalke, dessen Silhouette im Flug der des Mauerseglers ähnelt. Im schnellen Flug fängt der überaus geschmeidige Räuber kleine Sperlingsvögel und große Insekten. Auch der Habicht, der große Jäger auf Häher und Ringeltauben, der sogar die lebhaften Eichhörnchen greift, setzt große Mengen von Insekten auf seine Speisekarte.

Nächtlicher Raubvogel

Die Waldohreule

Dieser Greifvogel ist wirklich ein Waldbewohner. Vom Ende der Abenddämmerung jagt er dort bis zur Morgenröte. Und dann sieht man ihn nie, sagt ihr? Gewiß, es ist schwierig, aber ihr könnt euch doch wenigstens auf die Suche nach ihm machen, indem ihr seinem „Gewölle" nachspürt. So nennt man die Reste seiner Beutetiere, die der Raubvogel nicht verdauen kann: Haare, Federn, Skelette... Sie werfen sie durch den Schnabel in Form mehr oder weniger länglicher Bällchen aus – mehrmals in der Nacht und mehrere Stunden nach der Mahlzeit. Vielleicht findet ihr solche Gewölle unter den Bäumen, auf denen er seine Beute belauert. Nehmt einige solcher Bällchen mit nach Haus und laßt sie bis zum nächsten Tag in einer Schüssel mit Wasser weichen. Dann zupft ihr auf einem Löschblatt mit Hilfe einer Pinzette die Haare auseinander, die die Bällchen umhüllen, und nehmt die unverdaulichen Speisereste aus dem Innern heraus. Wascht die Knochen mehrmals und laßt sie dann mehrere Stunden lang in stark verdünntem Fleckwasser bleichen. Spült sie unter fließendem Wasser ab und laßt sie trocknen. Wenn ihr die Skelette untersucht, werdet ihr feststellen, daß sie überwiegend von kleinen Nagern stammen. Ihr könnt also bestätigen, daß die Waldohreule ein nützlicher Jäger ist.

Naturforscher haben auf der ganzen Welt eine große Menge dieser Gewölle analysiert und festgestellt, daß die Waldohreule mindestens vier Tiere pro Nacht verschlingt. Die Nager machen 90 Prozent der Beute aus, die Feldmäuse sind dabei bevorzugt. Wenn die Nager im Wald allzu zahlreich werden, begnügen sie sich nicht mehr mit den Lichtungen, sondern wandern auf die Felder hinaus, die sie schädigen. Das beste Mittel, die Feldmäuse zu bekämpfen, ist es also, am Rand der großen, landwirtschaftlich genutzten Ländereien wieder Waldzonen anzulegen, die den Raubvögeln, Ohreulen und Käuzen Obdach bieten. An dieser Wiederaufforstung könnten sich Jugendvereine und -gruppen, Freunde der Natur, beteiligen. Man sollte sich durch staatliche Behörden nicht entmutigen lassen.

Die Waldohreule verschmäht auch Maulwürfe und Spitzmäuse nicht, wenn sie sehr zahlreich sind. Wenn harter und anhaltender Frost ihre bevorzugten Beutetiere hindert, aus den Bauten hervorzukommen, kommt es wohl vor, daß die Waldohreule statt dessen Feldsperlinge, Stare und sogar Finken greift. Glücklicherweise sind diese Vogelarten nicht vom Aussterben bedroht.

EIN STARKER INSEKTENFRESSER ...

Die Waldohreule frißt große Mengen Insekten, die sich im Walde reichlich vermehren. Sie verzehrt die dicken Raupen von Nachtfaltern, wenn diese überhandnehmen, und die des Bären und des Weidenbohrers, der so schädlich ist, wie sein Name andeutet.

Wenn die Waldohreule zwischen den Bäumen dahingleitet und auf eine kleine Lichtung zuschwebt, wo die Beutetiere besser zu greifen sind, sind die langen braunschwarzen Federn, mit dem roten und weißen Rand, die ihre Stirn schmücken, zurückgelegt, doch die Augen glänzen wie eine orangefarbene Flamme, umrahmt von rötlichweißen Federscheiben. Sie sind schwarz umringt und von einem dunklen Band unregelmäßig durchzogen.

Die Waldohreule nistet überall, und ihr Waldterritorium erstreckt sich über mehrere Quadratkilometer. Manche Waldohreulen aus dem Norden kommen zu unsern Eulen zu Besuch, wenn bei ihnen die Winternächte zu kalt sind und die Nahrung zu knapp wird. Die Art gehört also zu den Teilziehern.

Wenn der Winter gekommen ist, ruft die männliche Waldohreule nach einer Gefährtin; immer wieder ertönt das stöhnende U-u-u, und mit der Hochzeit wird nicht bis zum Frühling gewartet.

Alte Krähennester bilden eine ausreichende Unterkunft. Im Notfall tut es auch das Nest, das eine Elster oder ein Bussard verlassen hat. Drei bis sieben weiße Eier werden hineingelegt und vom Weibchen bebrütet, das das Männchen füttert. Vier Wochen, nachdem das erste Ei gelegt worden ist, beginnt das Schlüpfen, das sich beschleunigt fortsetzt.

Der Vater jagt die ganze Nacht. Trotzdem geschieht es, daß das zuletzt Geschlüpfte verkümmert und stirbt, weil es nicht soviel Nahrung erhält wie die älteren und stärkeren Geschwister, die es herumstoßen.

Prozessionsraupen im Kiefernwald

Am Ende eines Kiefernzweiges bewegt sich ein Insekt mit schieferfarbenen Flügeln, die, wenn sie angehoben werden, zwei weitere, weißliche Flügel freigeben. Es ist ein Schmetterling: der Kiefernprozessionsspinner. Sehr viele Weibchen von dieser Schmetterlingsart legen im Sommer.

Auf den Kiefernnadeln legen die Spinnerweibchen ihre 200 bis 300 Eier in einer kleinen, etwa 5 cm langen Manschette ab. Dann formen sie mit Hilfe von feinen Schuppen, die sie sich aus dem Hinterleib ziehen, eine Schutzhaut zwischen Kiefernknospen, unter denen die Eier gut getarnt liegen, weil Haut und Knospen die gleiche Farbe aufweisen. Kurz nach dem Legen sterben die Schmetterlinge.

Nach einem Monat schlüpfen die Raupen mit ihren dicken, harten Köpfen. Sie haben einen gewaltigen Appetit: mit ihren starken Kieferzangen fressen sie die Außenhaut der jungen Nadeln. Gleichzeitig richten sie sich auf ein Leben in Gemeinschaft ein. Am Ende eines Astes, dicht an einer Gabel, spinnt die Gruppe die Seide, die jedes einzelne Tier ausscheidet. Die Seidenfäden flechten sich ineinander, und zwischen Zweigen und Nadeln spannt sich ein leichtes Netz, das erste Lager der Raupen. Wenn diese die jungen Nadeln der Kiefer rund um ihr Nest gefressen haben, richten sie in einiger Entfernung ein neues vorläufiges Lager ein. Von da aus fressen sie sich weiter und häuten sich dabei dreimal.

Nach der zweiten Häutung messen die Raupen fast 2 cm. Haare bedecken in kleinen Büscheln ihren Rücken. Diese Haare brennen, und ein Tier, das so eine Raupe hat verschlingen wollen, vergißt die Verbrennung nicht so bald.

Im Oktober richten sich die Raupen, häufig in der Spitze des Baumes, ein bedeutenderes Nest ein, eine eiförmige Tasche mit dicken Wänden, meist mit vier bis fünf Eingangsöffnungen. Hier widerstehen sie den Härten des Winters.

Wenn das Wetter milder wird, kommen sie heraus, um die Kiefernnadeln zu fressen, kehren jedoch bei Tagesanbruch zurück, um sich in ihrer Unterkunft zu verstekken. Sie haben ein gutes Verfahren für diese Ausflüge. Jede Raupe heftet sich im Nest mit einem Seidenfaden an, den sie auf dem Marsch immer weiterspinnt. Alle marschieren in einer Kolonne, wobei jede mit dem Kopf das Ende der vorigen berührt. Die Kolonne löst sich auf, wenn die Nahrung gefunden ist, doch die Raupen bleiben durch den ausgeschiedenen Seidenfaden so gut mit dem Nest verbunden, daß die übliche Straße bei diesen Ausgängen zu einem wahrhaften Band aus weißer Seide wird.

Zwischen Ende Januar und Anfang März haben die Prozessionsraupen noch zwei Häutungen erlebt und sind etwa 4 cm lang. Wenn die Temperatur bei Morgendämmerung 10° übersteigt, organisieren die Raupen einen großen Abmarsch in Kolonne. An die Spitze setzt sich eine Raupe, die die Prozession zu den sonnigsten Plätzen der Gegend führt: Wegränder, Lichtungen...

Wenn die Temperatur unter 10° sinkt, hält die Prozession an, und die ganze Kolonie sammelt sich zu einer Kugel, um wärmere Zeiten abzuwarten. Wird es dagegen wärmer als 22°, fliehen die Raupen, bis sie eine Vertiefung im Gelände finden. Wenn die Sonne noch nicht zu tief steht, gräbt jede Raupe mit der Stirn eine Zelle in 5 bis 20 cm Tiefe.

Dort webt sich jede Prozessionsspinnerraupe einen fasrigen Kokon, in dem sie sich zunächst in eine Puppe, dann in einen Schmetterling verwandelt. Der Verwandlungsschlaf ist von schwankender Dauer. Förster, die sich schon beglückwünschen, eine ganze Generation von Prozessionsspinnerraupen vernichtet zu haben, sehen sich im folgenden Jahr wieder im Kampf mit ihnen. Man weiß also nur wenig über diesen Schlaf, der manchmal jahrelang dauern kann. Aber man weiß, daß es einen Monat dauert, bis sich die Puppe in das erwachsene Tier verwandelt hat. Im Sonnenschein des Juli kommen die Schmetterlinge aus der Erde hervor.

Sofort streben sie danach, sich zu vermehren, und die befruchteten Weibchen – die Kilometer zurücklegen können – legen ihre Eier an die Spitze eines Kiefernzweiges. Der Kreislauf beginnt von vorn.

Die Förster bemühen sich im Herbst um das Abraupen und verbrennen die Nester, denn die Prozessionsspinner verwüsten die Kiefernwälder.

Man begünstigt zunächst diejenigen unter ihren Feinden, von denen man weiß, daß sie dem Menschen keinen Schaden zufügen. Das Grüne Heupferd, eine große Heuschrecke, frißt große Mengen von Eiern der Prozessionsspinner.

Eine Tanzfliege *(Villa brunnea)* legt – im Fluge – Tausende von Eiern genau über solche besonnten Stellen, die von den Raupen im Frühjahr aufgesucht werden, wenn sie sich eingraben. Aus diesen Eiern schlüpfen winzige Larven, die sich in den Boden graben und auf die Suche nach den Puppen der Prozessionsraupen gehen, die sie ausfressen. Die Larve des Puppenräubers macht sich gleichfalls über die Raupen her und verheert deren Nester.

Wespen greifen die Schmetterlinge selbst an. Rote Waldameisen vernichten so viele davon, daß man in Italien und in Deutschland Hunderte von Kolonien der Roten Waldameise in befallene Kiefernwälder befördert.

Überdies wird überall nach weiteren Formen des biologischen Kampfes gesucht. Denn das ist in jedem Fall besser als die Anwendung chemischer Gifte.

Geordnete Gesellschaften im Wald

Unter Bäumen, besonders unter Nadelbäumen, findet ihr manchmal große Haufen von kleinen Zweigen, Kiefern- oder Fichtennadeln, Laubresten, aus denen ihr große Ameisen herauskommen und hineinlaufen seht. Es sind die Bauten der Großen Roten Waldameise.

Die äußere Kuppel, die zu jeder Jahreszeit guten Schutz vor Nässe und Frost bietet, bedeckt eine unterirdische, sehr ausgedehnte Unterkunft, die zahlreiche Stockwerke mit Kammern und Gängen umfaßt. Die Kuppel, die die Sonnenstrahlen unter allen Winkeln erhält, in denen sie einfallen, speichert mehr Wärme, als es ein Dach zu ebener Erde könnte. Und trotzdem befördern an kalten oder regnerischen Tagen die erwachsenen Ameisen die Puppen in die besser geschützten unteren Stockwerke, um sie bei gutem Wetter wieder hinaufzutragen.

Beobachtet die Ameisen, die manchmal über 50 m vom Bau entfernt beschäftigt sind. Auf langen Straßen, die sie mit ihrem Duft markieren, kommen und gehen sie. Seht euch an, wie eifrig sie suchen und wie sie sich verhalten, wenn sie sich begegnen. Beachtet, was die Tiere, die zum Haufen zurückkehren, befördern. Die einen tragen oder ziehen Material für die Kuppel, die ständig wächst, oder verschiedene Nahrungsmittel: Samenkörner, kleine Insekten oder Teile von Insekten, die zu groß sind und die sie mit ihren gewaltigen Kieferzangen zerlegt haben. Achtet darauf, wie sie sich gegenseitig beim Transport von Lasten helfen, die oft schwerer sind als sie selbst. Andere haben den Magen voll von nahrhaften Säften, die sie aus Pflanzen gesaugt oder bei Blattläusen „gemolken" haben. Zu diesem Zweck „betrillern" sie die Blattläuse mit ihren Antennen, damit sie den Honigtau ausscheiden. Nun erbrechen sie davon ein Tröpfchen in die Mundöffnung müder Kameradinnen, denen sie begegnen, oder in die Mundöffnung der Larven im Nest, die auf diese Weise ernährt werden müssen. Oder sie füttern mit diesem

Die Roßameise gräbt ihre Zellen in abgestorbene Baumstämme.

Die glänzend schwarze Holzameise melkt Blattläuse.

Die kleine Rote Waldameise (unten), stark vergrößert, nur 6–7 mm lang.

Meine Freunde die Laufkäfer

Vielleicht werdet ihr eines Tages einem Laufkäfer begegnen (*Carabus* nennen die Wissenschaftler diese Gattung), der, von euern Untersuchungen gestört, eilig unter der Rinde eines gefällten Baumes oder unter den Steinen einer feuchten Stelle im Wald verschwindet. Ob er nun schwarz ist oder metallisch golden, kupfern, grün oder violett schillert, betrachtet ihn mit Wohlwollen: er ist ein wilder Räuber und guter Freund der Landwirtschaft.

Wenn ihr ihn beim Werk sehen wollt, fangt ihn mit der festen Absicht, ihm die Freiheit wiederzugeben, sobald eure Wißbegier gestillt ist. Nehmt ihn nicht mit den Fingern auf – da er sehr lebhaft ist, wird er sich wehren, und ihr lauft Gefahr, ihm die Beine auszureißen, die er für seinen raschen Lauf braucht. Und da er kämpferisch und mutig ist, wird er versuchen, euch mit seinen mächtigen Kiefern zu beißen. Laßt ihn in eine kleine Schachtel laufen, etwa eine Streichholzschachtel, in der er sich, wie ihr hören könnt, wie toll gebärdet. Setzt ihn, wenn ihr zu Haus seid, in ein kleines Terrarium: Gefäß mit Sand, Erde, altem Laub, das Ganze gut angefeuchtet und zugedeckt. Denn wenn er auch nicht gut fliegen kann, manchmal macht er sich doch davon, fliegt senkrecht hoch, und dann habt ihr euch die Mühe umsonst gemacht.

Es gibt zahlreiche Laufkäferarten. Aber alle fressen Insekten, und je nach der Art haben sie eine Vorliebe für Raupen, Maikäfer oder für Kartoffelkäfer. Die meisten fressen auch Schnecken aller Art.

Setzt nicht zwei Laufkäfer zusammen. Wenn es Männchen sind, kämpfen sie furchtbar miteinander.

Am häufigsten begegnet man dem Goldgrünen Laufkäfer, der oft auch „Goldhenne" oder „Goldschmied" genannt wird, ein prachtvolles Insekt von etwa 25 mm mit goldgrünem, mehr oder weniger bronzeschillerndem Rükken. Er frißt massenhaft Nacktschnecken und Würmer wie auch der Lederlaufkäfer, ein schwarzer großer Laufkäfer von etwa 40 mm, den man manchmal unter Steinen findet. Er kommt erst mit Einbruch der Nacht hervor. Der stämmigere Puppenräuber hält sich überwiegend in Eichen- oder Kiefernwäldern auf.

Saft die Königinnen, die mit dem Eierlegen zu sehr beschäftigt sind, als daß sie selbst Nahrung suchen könnten.

Denn die Organisation des Ameisenhaufens ist bemerkenswert und bei den meisten der zahlreichen Arten gleich: bei den kleinen schwarzen Rasenameisen in unsern Gärten ebenso wie bei den großen schwarzen Ameisen, die ihren Bau unter der Rinde gefällter Bäume anlegen, oder bei denen, die als wahre Krieger andere Arten als Sklaven halten, damit diese alle für das Leben der Kolonie notwendigen Arbeiten tun.

Jeder Ameisenbau enthält verschiedene Individuen: kleine, geflügelte Männchen, größere Weibchen und weniger große unfruchtbare, die sogenannten Arbeiterinnen, manchmal auch noch „Soldaten" mit großem Kopf und gewaltigen Kieferzangen, mit denen sie den Bau verteidigen.

An schönen Tagen der warmen Jahreszeit verlassen geflügelte Männchen und Weibchen, die in übergroßer Zahl aus den Puppen schlüpfen, zu Tausenden den Ameisenhaufen zum Hochzeitsflug, bei dem sie sich paaren. Wenn sie nach der Paarung auf den Erdboden zurückgekommen sind, sterben die Männchen, weil sie allein nicht imstande sind, sich zu ernähren. Die Weibchen aber, bei diesem einen Flug für ihr ganzes Leben befruchtet, befreien sich von ihren Flügeln oder lassen sie sich von den Arbeiterinnen abbeißen. Sie werden die „Königinnen", ausschließlich mit Eierlegen beschäftigt. So wird ein Bau bevölkert.

Wenn solche Weibchen allein bleiben, legt jede, nachdem sie den Winter in einem Unterschlupf unter der Erde verbracht hat, Eier und zieht selbst die ersten Larven auf. Diese werden, da sie kaum Nahrung erhalten haben, zu „Arbeiterinnen", die sich unverzüglich an die Arbeit machen. Damit ist die Kolonie gegründet. Die nun von den Arbeiterinnen gut gefütterte Königin verläßt den Bau nie mehr, sondern legt unaufhörlich. Die Kolonie wächst. Die immer zahlreicheren Arbeiterinnen versorgen die Larven mit reichlicher Nahrung. Viele erhalten eine besondere Nahrung, die dafür sorgt, daß Tiere mit Geschlechtsorganen (männliche wie weibliche) entstehen, deren Hochzeitsflug an schönen Tagen die Ausdehnung des befruchtete Königinnen zurückkehren. Oder es werden neue Kolonien gegründet.

Manche Ameisenarten begnügen sich nicht damit, die Blattläuse auf ihren Zweigen zu melken. Sie bringen sie vielmehr in den Bau, versorgen und füttern sie wie richtiges Vieh, um an Ort und Stelle den Honigtau zu nutzen, den die Blattläuse ausscheiden. Andere landwirtschaftlich tätige Ameisenarten bringen Pflanzenteile in den Bau, auf denen sich bestimmte Schimmelpilze ansiedeln, von denen sich die Ameisen dann ernähren. Oder sie stecken Samenkörner rund um den Ameisenhaufen und ernten dann die neuen Früchte. Welche Arbeit! Und welche Gemeinsamkeit in den Bemühungen! Diese Arbeiterinnen sind überaus zahlreich. Wenn man bedenkt, daß sie nur die notwendigen Arbeiten verrichten, Bau, Unterhaltung der Unterkunft, Ernährung und Verteidigung der Bewohner, Aufzucht der Larven, und daß sie außerdem nur kurze Zeit leben – die meisten verenden bei Anfang des Winters –, kann man sich vorstellen, wie viele Eier die Königinnen legen müssen, damit diese erstaunliche Gesellschaft Jahre hindurch am Leben bleibt.

Mitten zwischen den Arbeiterinnen bereiten sich die geflügelten Männchen und Weibchen auf den Hochzeitsflug vor.

Ihr solltet euern Laufkäfer nur so lange in Gefangenschaft halten, bis ihr beobachtet habt, wie er sich ernährt. Er tötet seine Beute mit den kräftigen Kieferzangen, bricht sie auf und bespritzt sie mit einem Sekret, das die Gewebe des Opfers zu Brei verwandelt, und saugt diesen dann auf.

Wenn ihr das Tier bei seinen Tätigkeiten beobachtet habt, gebt ihm die Freiheit wieder: der Käfer ist zu wertvoll, als daß man ihn dem Wunsch, ihn länger zu bewundern, opfern sollte. Wenn ihr einen Garten habt, könnt ihr ihn da freilassen: vielleicht bleibt er da auf Dauer.

Den Goldlaufkäfer (oder Goldgrünen Laufkäfer) sieht man im Frühling und Sommer fast überall. Die Larven sind sehr gefräßig.

WISST IHR DAS SCHON?

◆ Wenn ihr in einem Ameisenhaufen nur ein wenig herumstochert, entdeckt ihr Kammern, die mit weißen Kokons gefüllt sind; ihr nennt diese Puppen in ihrer Seidenbekleidung „Ameiseneier". Beachtet, mit welcher Schnelligkeit die Ameisen herbeilaufen und die Kokons aufnehmen, um sie in Sicherheit zu bringen, noch ehe sie die Schäden ausbessern. Stört sie nicht weiter.

◆ Sie können euch bei euern anatomischen Präparationen helfen. Ein kleines totes Tier (Maus oder Vogel), das ihr auf die Kuppel legt, wird rasch so sehr abgenagt, daß nur noch die Knochen übrigbleiben. Aber deckt das tote Tier zu (mit einem Blumentopf oder einer leeren Schachtel), damit nicht ein Raubtier es wegträgt.

◆ Manche Bauten der Großen Roten Waldameise bieten bis zu 500 000 Einzeltieren Obdach und weisen etwa vierzig Stockwerke mit Gängen auf.

◆ Die Roten Waldameisen schließen am Abend und an Regentagen die Eingänge zu ihrem Bau.

◆ Eine Königin der Großen Roten Waldameisen legt alle zwei Minuten ein Ei.

◆ Der Ameisenhaufen kann 20 und noch mehr Königinnen enthalten.

◆ Bei den Ameisen kann eine Königin mehr als 10 Jahre leben, während die Arbeiterinnen nur mehrere Monate alt werden.

◆ Es gibt über 6000 Ameisenarten auf der Welt.

◆ Die Ameisen machen über 90% der Nahrung des Grünspechts aus.

◆ Die Puppen – „Ameiseneier" genannt – sind ein Grundnahrungsmittel für die Aufzucht junger Fasanen.

DER HUMUS UND SEINE GÄSTE

◄ Regenwurm

▼ Assel

Unter dem alten Laub erstreckt sich eine Schicht schwärzlicher Erde, die aus tierischen Abfällen und zersetzten Pflanzenstoffen besteht: der *Humus*. Häufig ist er mit etwas von der darunterliegenden Erde vermischt, von feinen Wurzeln durchzogen und bewohnt von einer ganzen Welt unsichtbarer, doch unzählbarer Wesen ...

Glaubtet ihr, daß ihr über eine leblose Erde gegangen seid? Weit gefehlt! Schiebt das welke Laub weg und scharrt mit der Spitze eures Stockes den Boden auf, dann seht ihr die Tausendfüßler laufen, die Asseln sich zu einer Kugel zusammenrollen und die Würmer sich winden ... Doch die Millionen von Bakterien und die mikroskopisch kleinen Tiere, die niederen Pilze, die Schimmelpilze, all jene Wesen, die diese Oberflächenschicht zersetzen, verwandeln, fruchtbar machen, seht ihr mit bloßem Auge nicht. Doch schätzt man, daß diese unendlich kleinen Wesen im Durchschnitt eine Masse von mindestens 1000 kg je Hektar ausmachen!

Der größte Wurm ist der Regenwurm. Tausende von ihnen graben ihren Gang in den Boden und verschlingen die Erde. Sie behalten sie in sich und verdauen die darin enthaltenen organischen Stoffe. Der an pflanzlichen Resten so reiche Humus ist für sie häufig die hochgeschätzte Umwelt. Sie graben sich auf der Suche nach Feuchtigkeit tief ein, dann kehren sie zur Oberfläche zurück, um in Spiralen die gelockerte und fein gemischte Erde wieder von sich zu geben. Neueste Untersuchungen haben gezeigt, daß die ausgestoßene Erde nach dem Durchgang durch den Körper des Regenwurms reicher an mineralischen Stoffen ist, die nützlich für die Pflanzen sind: der Wald hat den Nutzen davon.

Wenn ihr Steine oder welke Blätter anhebt, seht ihr die Tausendfüßler, die Schutz darunter gesucht hatten, an die Humus-Oberfläche kommen. Der Name verleiht ihnen mehr Beine, als sie tatsächlich haben, denn die am besten ausgestattete Art hat nur 175 Paar – aber auch das ist gar nicht schlecht!

Vor allem seht ihr den Gartenskolopender dort laufen, wie er sich mit der Schnelligkeit seiner 30 Beine zwischen Blättern und Wurzeln durchschlängelt. Er jagt kleine Insekten und Würmer, wie es auch der viel dünnere und längere Erdläufer tut, der einem Wurm mit Pfoten sehr ähnlich sieht, aber abgeflacht ist, von brauner Farbe, mit zwei kurzen Antennen auf dem Kopf. Er ist sehr schnell und verschwindet rasch im Humus.

Doch verwechselt diese Vielfüßler nicht mit dem eigentlichen Tausendfüßler, einem schwärzlichen, dickeren und zylindrischen Tier mit langsamen Bewegungen, das sich zu einer Spirale zusammenrollt, wenn ihr es berührt. Dieser Tausendfüßler ist Vegetarier und ernährt sich von zersetzten Pflanzenteilen.

Die Asseln finden sich häufig in Gruppen unter Steinen, unter verfaulenden Rindenstücken, die im Humus vergraben sind. Sie sind Krebstiere wie die Krabben und die einzigen landbewohnenden Krebstiere bei uns. Dunkelgrau oder schwarz, ein bis zwei Zentimeter lang, rollen sie sich zur Kugel zusammen, wenn man sie berührt. Wie der Tausendfüßler ernähren sie sich von faulenden Stoffen und verwandeln ständig Abfälle.

Doch die Tätigkeit dieser Tiere ist begleitet von jener zahlloser mit bloßem Auge unsichtbarer Wesen, die den Boden bevölkern und unaufhörlich tote organische Stoffe in Elemente jenes kostbaren Humus verwandeln, der die Pflanzen ernährt und die Quelle neuen Lebens ist.

◄ Gartenskolopender

▼ Erdläufer

▼ Tausendfüßler

Geschichten von Larven

BOCKKÄFER

Die Larven der Bockkäfer leben, bevor sie zu den schönen Käfern mit langen Antennen werden, lange Zeit in ihren dunklen Gängen. Das Männchen des Eichen- oder Heldbocks (S. 50) erreicht 5 cm und besitzt besonders lange Fühler. Das Weibchen mit weit kürzeren Antennen legt Eier vor allem in alte morsche Eichen, bisweilen jedoch auch in die rissige Rinde der Kastanien, der Weiß- und Rotbuchen sowie der Eschen.

Die Larven überwintern ein erstes Mal, dann, im Frühjahr, fressen sie die Rinde. Während des Sommers dringen sie in das Splintholz ein und überwintern danach ein zweites Mal. Darauf setzen sie ihren für den Baum unheilvollen Vormarsch fort und graben sich zum Verpuppen eine Kammer von 15 bis 30 cm Tiefe. Wenn die Metamorphose beendet ist, überwintert das erwachsene Insekt bis zum folgenden Frühling in der Puppenkammer.

HOLZBOHRER

In den Stämmen gefällter Pappeln, Weiden, Eschen, Ulmen finden sich die Gänge des Weidenbohrers. Das ist ein großer Nachtfalter mit verkümmertem Rüssel und einer Spannweite von 9 cm. Seine Larve ist eine lange Raupe mit rötlichbraunem Rücken.

Das Weibchen dieses recht häufigen Schmetterlings legt seine Eier im Juni, Juli in beschädigte Rinde. Aus diesen Eiern schlüpfen ▶ jene gefräßigen lebenden „Blutwürste", die eine Länge von 8 bis 10 cm erreichen können und mit sehr kräftigen Kiefern ausgerüstet sind. Diese Larven zernagen das Holz und bohren dabei sehr lange Gänge. Da das Holz, das sie verzehren, wenig nahrhaft ist, brauchen sie drei Jahre dieses nagenden Lebens, um sich in der Dunkelheit völlig entwickeln zu können. Glaubt nicht, sie lebten fast unbeweglich in ihren Hohlgängen: ein Anatom hat 4000 Muskeln in ihrem Körper zählen können, während der Mensch nur 600 besitzt!

Um die Nahrung weich zu machen, scheidet die Raupe eine charakteristische, nach Holzessig riechende Flüssigkeit aus. Wenn der Augenblick der Verpuppung gekommen ist, fügt die Raupe das Sägemehl mit Seidenfäden zum Kokon zusammen.

SCHLUPFWESPE UND HOLZWESPE

Die Holzschlupfwespe Rhyssa ist ein schlankes, hochbeiniges Insekt, das 4 cm Länge erreichen kann. Der Legestachel des Weibchens ist noch länger. Dieser Räuber ist – für den Menschen ungefährlich – der furchtbarste Feind der Riesenholzwespe, die in den Nadelwäldern ihre 350 Eier in Fichten legt. Aus den Eiern schlüpfen Larven, die zwei bis drei Jahre im Holz leben, selbst wenn die Bäume geschlagen werden.

In dieser Zeit untersucht die Holzschlupfwespe Stämme, Äste und geschlagenes Holz. Sinnesorgane, die am Ende der Beine liegen, ermöglichen es dem Insekt, die Vibrationen des Holzes wahrzunehmen. Andere Organe erlauben ihm, auf chemische Substanzen zu reagieren, die nur den holzfressenden Larven der Riesenholzwespe eigentümlich sind. So kann die Schlupfwespe Rhyssa ihr Opfer durch das Holz hindurch lokalisieren.

Dann spreizt sie die Beine, neigt sich nach vorn, richtet den Hinterleib senkrecht in die Höhe, stützt den 5 cm langen Legestachel an eins der Hinterbeine und fängt an, ihn in das Holz zu bohren. Mit Hilfe eines raschen Auf und Ab dringt der Legestachel immer tiefer ein. Trotzdem braucht die Rhyssa gut 20 Minuten, um 3 cm gesundes Holz zu durchdringen, und während dieser Zeit ist die Schlupfwespe insektenfressenden Vögeln ausgesetzt.

Wenn alles gut geht, wird die Larve in ihrem Gang erreicht. Die beiden äußeren Teile des Legestachels ziehen sich aus dem Loch zurück, und die feine Spitze der Legeröhre dringt in den Körper der holzfressenden Raupe ein. Zwei mikroskopisch kleine Haken halten die Wunde in der Haut offen, und das Ei wird in das Innere des Opfers gelegt.

Die aus dem Ei schlüpfende Larve der Rhyssa entwickelt sich, ohne ihren Wirt zu töten. Das geschieht erst, wenn sich dieser eine Kammer am Ende des Ganges baut, um sich zu verpuppen. Dann verzehrt die künftige Schlupfwespe bestimmte lebenswichtige Teile des Holzfressers. Daran stirbt dieser, und sein Parasit verpuppt sich statt seiner...

Riesenholzwespe *(Sirex gigas)*

Holzschlupfwespe Rhyssa

Und bei den Säugetieren?

Die nützlichen Fledermäuse sollten überall geschützt sein. Die Kleine Hufeisennase (ganz oben), an den Krallen der beiden ersten Zehen hängend, hat häutige Auswüchse im Gesicht, das bei der Großohrfledermaus (oben) und dem Abendsegler (unten) glatt ist.

Es ist schon Ende Juli, wenn sich die Rehböcke heftige Kämpfe um die Eroberung der Weibchen liefern.

Die starken Hirsche machen sich daran, das lebenswichtige Gebiet zu erkämpfen, in dem sie sich im Herbst paaren werden. Selbst wenn es heute nicht mehr so selten vorkommt, daß man einen Hirsch im Wald bewundern kann, so ist es in jedem Fall wie eine vorzeitliche Begegnung, wenn man eines dieser mächtigen und prächtigen Tiere in freier Wildbahn zu Gesicht bekommt.

Der Sommer ist auch die Jahreszeit jener Säugetiere, die bei einbrechender Dunkelheit losfliegen, um auf ihrem Weg Nachtfalter und Zweiflügler zu erschnappen. Es sind die Fledermäuse, die durch Echopeilung navigieren, das heißt, sie stoßen Ultraschallwellen aus, die von jedem festen Körper, der sich vor ihnen befindet, zurückgeworfen werden. Manche Fledermäuse haben ihre Unterkunft in bewohnten Häusern, im Wald oder am Waldrand.

Es gibt zahlreiche Arten. Die Hufeisennasen (die Große und die Kleine) verbringen den Winter gruppenweise in Höhlen und Felsspalten. Doch im Sommer leben sie oft als Einzelgänger in hohlen Bäumen an Feldern und im Wald.

Der Abendsegler mit den langen, schmalen Flügeln bricht am frühen Abend auf, fliegt hoch und jagt große Insekten. Er überwintert auf Kirchenböden und in hohlen Bäumen. Auch im Sommer verbirgt er sich, oft zusammen mit mehreren andern, in Baumlöchern.

Die Großohrfledermaus kommt an den Waldrand, wo sie Insekten auf den Blättern der Bäume jagt, indem sie zu ihnen fliegt. Tagsüber versteckt sie sich in Türmen und auf Kirchenböden.

Es gibt bestimmt noch andere Arten im Wald. Doch wichtig ist nur, daß ihr jedem klarmachen könnt, daß diese Tiere ganz und gar nicht bedrohlich sind. Die Fledermäuse bringen ebensowenig Unglück wie die Käuzchen und die Eulen, obwohl man sie lange wegen dieses albernen Vorurteils verfolgt hat. Sie alle sind sehr nützlich, weil sie die Insektenbevölkerungen in Schach halten, denn in Europa sind die Fliedermäuse ausschließlich Insektenfresser.

Forscher untersuchen ihre jahreszeitlichen Wanderbewegungen, die sie zwischen der sommerlichen Unterkunft und der Überwinterungsstätte vornehmen. Die Entfernung beträgt höchstens 150 km, und der Abendsegler kann diese Entfernung beispielsweise mit 45 Stundenkilometern und 19 Flügelschlägen in der Sekunde zurücklegen. Wenn ihr auf dem Erdboden eine tote Fledermaus findet, die einen Ring um den Fuß trägt, dann vergeßt nicht, diesen Ring an die nächste Vogelwarte zu schicken, die auch die Züge von Säugetieren beobachten.

Für die jungen Naturforscher

Dieser tote Feuersalamander, den der junge Naturforscher hier vorsichtig aus der Formaldehydlösung hebt, verendete im dichten Moos eines feuchten Waldpfades. Ein echter Naturforscher schützt die Natur und wird niemals ein Tier töten, um es zu präparieren!

Es kann geschehen, daß ein Räuber, der sich bei euerm Nahen davonmacht, die Beute zurückläßt, die er gerade getötet hat, und daß ihr sie präparieren möchtet, um sie der naturwissenschaftlichen Sammlung eurer Schule zu schenken. Zum gleichen Zweck erhaltet ihr vielleicht von einem befreundeten Jäger oder einem gefälligen Förster oder auch von einem Wildhändler Kopf und Pfoten eines erlegten Tieres.

Wie präpariert man solche Stücke, damit sie sich halten und ansehnlich bleiben?

Wenn es sich um ein kleines Tier (einen kleinen Vogel, eine Eidechse) handelt, legt ihr es für vierzehn Tage in eine Formaldehydlösung von etwa 15 bis 20 Prozent. Danach wascht ihr es unter fließendem Wasser und bringt es wieder in Form, indem ihr es zum Trocknen in eine „natürliche" Stellung legt. Spreizt ihm die Zehen, damit das Tier gut sitzt oder steht und die Zehen sichtbar sind. Das Tier verändert sich ein wenig, wenn die Gewebe wieder starrer werden, doch ist es so auf längere Zeit konserviert.

Ein besseres Ergebnis erhaltet ihr, wenn ihr die Eingeweide vor dem Bad in der Formaldehydlösung herausnehmt. Dazu muß man einen Schnitt in den Unterleib machen. Entfernt alles, was ihr könnt, aus dem Innern, das ihr später, vor dem Trocknen, mit Watte füllt. Dann näht ihr den Schnitt zu. So bewahrt das Tier eine natürlichere Form und ist besser konserviert.

Aber seht euch vor: das Formaldehyd verbrennt die Haut. Zieht Gummihandschuhe an oder stellt euch ein Gefäß mit Wasser hin, in dem ihr die Finger abspülen könnt, wenn sie in der Formaldehydlösung naß geworden sind.

Wenn das Tier, das ihr konservieren wollt, ein bißchen größer oder sehr fleischig ist, müßt ihr die Formaldehydlösung mit Hilfe einer Injektionsspritze injizieren. Ihr nehmt dazu eine recht dicke Kanüle (Nadel), die ihr ins Fleisch und in die Gelenke einführt. Aber dieses Verfahren ist *gefährlich:* ihr müßt gut darauf achten, *daß ihr euch nicht selbst stecht* (die Stiche wären ernst) und daß euch kein Formaldehyd über die Hände läuft. Und beugt das Gesicht nicht über das Stück, das ihr behandelt.

Auf diese Weise könnt ihr Vogelköpfe präparieren: Rebhuhn, Fasan, Ringeltaube, Krähe, und Pfoten von kleineren Säugetieren, wie Igel, Hase, Reh. Legt diesmal das Präparat nur für einige Tage in die Formaldehydlösung. Dann verfahrt wie bei den kleinen Stücken: rasch unter fließendem Wasser abwaschen, Federn oder Fell bürsten, trocknen. Nach dem Trocknen lackiert den Schnabel der Vögel, die Krallen oder Hufe der Säugetiere mit farblosem Lack.

Bei Vogelbeinen geht man folgendermaßen vor: sorgfältig waschen, bürsten, eventuell eine Formaldehydinjektion in die Fußsohle, falls diese sehr fleischig ist, 3 bis 4 Tage in Formaldehydlösung legen, waschen, in Form bringen, trocknen – was bisweilen sehr lange dauert. Wenn die Beine trocken sind, gut gehärtet, dann überzieht man sie mit einer Schicht Lack, die sie schützt und schöner macht.

SKELETTE
PRÄPARIERTE SCHÄDEL

Vielleicht möchtet ihr Schädel für eure Schulsammlung skelettieren.

Versucht es zuerst mit Köpfen von Hase, Kaninchen, Wiesel, Fasan, Krähe, die nicht allzu kompliziert zu präparieren sind. Laßt sie in Wasser kochen, zieht Haut und Fleisch ab, legt die Knochen bloß. Entfernt sorgfältig das ganze Gehirn durch das Hinterhauptloch. Schabt die Knochen sauber (ihr könnt euch kleine Präparierwerkzeuge aus Eisendraht machen, den ihr flach hämmert oder bei dem ihr an einem Ende eine enge Schleife biegt), bürstet sie, spült sie gut ab. Legt sie noch einmal in sehr heißes Wasser, ohne sie zu kochen, weil sonst der Kopf auseinanderfallen würde; in das Wasser gebt ihr Soda oder ein Spülmittel zum Entfetten. Spült danach abermals mit klarem Wasser und säubert mit der Bürste, damit keinerlei Reste mehr an den Knochen bleiben. Laßt die Schädel schließlich vierundzwanzig Stunden in kaltem Wasser mit ein, zwei Löffel voll Bleichwasser oder besser Wasserstoffperoxid weichen, das die Knochen bleicht. Abspülen und trocknen lassen. Wenn sich die Teile des Kopfes während des Präparierens voneinander lösen, bringt sie wieder an Ort und Stelle und klebt sie fest. Klebt auch die Zähne in ihre Knochenhöhlungen.

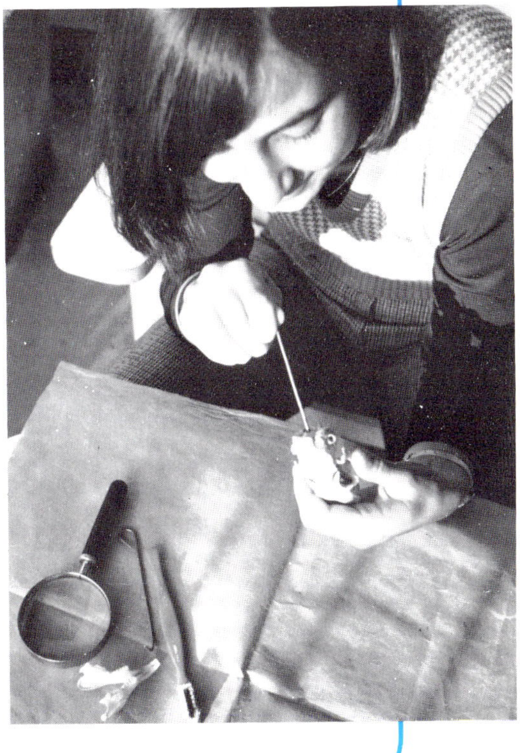

GROSSE BESEN FÜR DAS GROSSE AUSKEHREN

Sucht euch dünne Zweige von Birken oder Besenginster, etwa 80 cm lang. Fügt sie zu einem großen Strauß zusammen, den ihr unten an den Stielen ausgleicht, indem ihr die Zweige auf eine gerade Fläche stoßt. Wickelt unten um den Strauß behelfsmäßig eine kräftige Schnur, die ihr ziemlich fest anzieht. Diese Schnur sollte 8 bis 10 cm vom unteren Ende entfernt sein. Bindet mit einer zweiten Schnur den Strauß 15 cm höher noch einmal fest zusammen.

Schneidet euch einen geraden Stock, der als Stiel dienen soll, von passender Dicke (etwa 2,5 cm, höchstens 3 cm). Ein Ende spitzt ihr mit Taschen- oder Gartenmesser an.

Treibt in die Mitte dieses provisorisch zusammengebundenen „Straußes" den Stiel mindestens 30 cm tief mit der Spitze hinein. Dazu stoßt ihr die Spitze zunächst genau in der Mitte und in der Achse in den Strauß. Wenn er einigermaßen festsitzt, treibt ihr ihn noch tiefer, indem ihr das andere Ende des Stiels, den ihr senkrecht haltet, kräftig auf den Boden stoßt: der Strauß rutscht dabei von selbst allmählich am Stiel abwärts.

Nun müßt ihr den Besen noch endgültig binden. Dazu benutzt ihr zwei Stücke Eisendraht, mit denen ihr die Zweige dicht neben den Schnüren umwickelt. Diese Drahtstücke dreht ihr mit Hilfe einer Zange, die die beiden Drahtenden faßt, möglichst fest. Danach drückt oder schlagt ihr die zusammengedrehten Drahtenden zwischen die Zweige.

Der „Strauß" ist jetzt gut am Stiel befestigt. Nun schneidet ihr die überflüssig gewordenen Schnüre ab. Ihr könnt die Zweigspitzen ein wenig beschneiden, wenn sie einen allzu großen Umfang erreichen. Jetzt ist euer Besen bereit, den Hof, die Straße oder die Gartenwege sauber zu halten.

ZUM BESSEREN VERSTÄNDNIS DES BAUMES

Wenn ihr den Querschnitt eines gefällten Baumes betrachtet, seht ihr konzentrische Holzschichten. In der Mitte abgestorben und verhärtet, bilden sie den *Kern* des Baumes. Weniger hart nach außen zu liegt das *Splintholz.* Dieses Holz wird von Gefäßen durchzogen, in denen der unverarbeitete, aus dem Boden aufgenommene Saft aufsteigt.

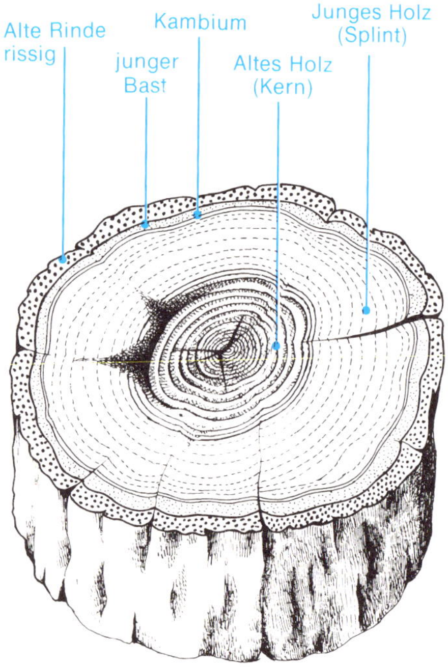

Von den aufeinanderfolgenden Schichten des Baumes hat sich jährlich jeweils eine gebildet (Jahresringe). Das Wachstum erfolgt auf der Grenze zwischen Holz und Rinde durch Zellen, die von den Wissenschaftlern *Kambium* genannt werden. Dieses Kambium erzeugt nach innen hin das Holz, und zwar jedes Jahr in zwei Schüben, und nach außen hin mit anderen Zellen den *Bast,* in dem der verarbeitete Saft zirkuliert, der in die verschiedenen Teile des Baumes fließt, um sie zu ernähren oder dort Vorräte anzulegen. Dann – immer weiter nach außen – erzeugen wieder andere Zellen eine Schutzschicht, die *Korkschicht,* die den Beginn der Rinde bildet.

Die Tätigkeit des Kambiums vergrößert den Durchmesser des Baumes, und die Rinde muß sich ausdehnen: sie platzt und stirbt ab. Die äußersten der toten Teile lösen sich bei bestimmten Bäumen und fallen ab: der Baum „häutet sich" sozusagen, und die wachstumerzeugende Schicht bildet eine neue Schicht Kork als Ersatz: Das ist der Fall beim Mehlbeerbaum, bei der Birke, bei denen sich die Rinde in Streifen ablöst, und bei der Platane, wo sie in Schuppen abfällt.

Bei vielen andern bleibt die tote Außenschicht am Baum, kann jedoch, da sie starr ist, der Entwicklung des Baumes nicht mehr folgen, dessen Durchmesser jedes Jahr zunimmt: sie reißt und wirft sich auf, wie ihr es bei Eiche und Kastanie sehen könnt. Und bei der Kiefer seht ihr manchmal in den tiefen, so entstandenen Rissen, wie sich die daraus hervorragenden Teile in dicken Stücken ablösen.

Wenn der Baum gefällt ist, trocknet das Kambium mit seinen jungen und wenig festen Geweben aus und verschwindet: die Rinde ist damit vom Holz gelöst. Ihr könnt sie leicht in großen Stücken abziehen und dabei feststellen, daß zahlreiche kleine Tiere Obdach darunter gesucht haben, Würmer und Insekten, aber auch Räuber, die sie jagen, etwa die Erd- und die Steinläufer.

WIE ALT IST DIESER BAUM?

Auch um das Alter eines Baumes nach dem Aussehen zu schätzen, braucht man lange Erfahrung. Dagegen könnt ihr an einem Stammabschnitt eines gefällten Baumes das Alter recht gut bestimmen, wie wir es euch schon in dem Band „Die Wiese lebt" erklärt haben. Dazu genügen gute Augen und eine gute Lupe.

Der Abschnitt zeigt konzentrische Kreise, bei denen man mit der Lupe eine weniger feste Holzschicht – im Frühjahr gewachsen – und eine härtere entdeckt, die im Sommer weit langsamer gewachsen ist. Dieser Unterschied zwischen den Schichten eines Jahres erlaubt es uns, Jahresringe zu erkennen, an denen man das Alter des Baumes abzählen kann.

MIT DER RINDE...

Ihr habt schon gelernt, die wichtigsten Bäume der Wälder an ihrem Wuchs, ihren Blättern und ihren Früchten zu erkennen (S. 14 bis 20). Ihr habt gehört, daß auch die Rinde charakteristisch und jeder Art eigentümlich ist. Hier sind einige abgebildet.

Die der Steineiche, die früher zum Gerben verwendet wurde, ist grauschwarz und tiefrissig. Die der Birke löst sich in Streifen ab, während sich die der Platane in Fetzen oder Schuppen löst. Die der Föhre ist an jungen Zweigen zunächst grün, dann rostrot. Bei alten Bäumen wird sie dicker und gräulichbraun. Die glatte Rinde der Rotbuche an dem hochgereckten Stamm erkennt ihr leicht.

Mit einem Blatt Papier und einem Bleistift kann man einen Rindenabrieb machen. Man legt das Papier gut an den Baum und reibt fest. Zu Haus glättet man das Blatt Papier und zeichnet Einzelheiten genauer nach.

Und sammelt vor allem das ganze Jahr hindurch auf euern Waldspaziergängen die Rinden, die ihr am Fuß der Bäume findet oder von Stubben, abgebrochenen Ästen und Zweigen lösen und in der Nähe gefällter Stämme auf Lichtungen und Kahlschlägen sammeln könnt. Hebt diese Schätze zu Hause sorgfältig in Kisten oder Kartons auf, selbstverständlich nachdem ihr versteckte Insekten entfernt und Fäulnisspuren herausgeschnitten habt. Sammelt auch Zweige, die schon durch ihre Form, durch die Flechten oder Moose, die auf ihnen wachsen, dekorativ sind. Rindenstücke könnt ihr gut gebrauchen, um phantastische Blumen und Tiere zu gestalten, wenn die Tage grau werden.

Eine Zeichnung auf einem großen Kartonblatt oder einem Stück Sperrholz wird flach auf den Tisch gelegt, damit man bequem arbeiten kann. Haltbarer Kleber auf die Unterlage getupft ... Phantasie, Einfälle ... warum sollte euch nicht auch ein Meisterwerk wie dieser fliegende Raubvogel gelingen, der aus Platanen- und Kiefernrinde entstand und auf den eine Lesergruppe stolz ist, die ihn nach der Lektüre des Buches „Die Wiese lebt" gearbeitet hat?

Steineiche

Birke

Platane

Kiefer

Rotbuche

Robinie

DIE WILDKATZE

Anfang 1975 fanden französische Naturfreunde eine ganz junge Wildkatze in einer Falle im Wald. Sie pflegten sie und suchten nun ein Schutzgebiet, wo das junge Tier ungefährdet im Wald aufwachsen könnte. Da es in Frankreich einen solchen Platz nicht gab, vertrauten die französischen Naturfreunde das Tier Schweizer Naturfreunden an, denn in der Schweiz ist die Wildkatze (wie in Deutschland) geschützt, seit sie im Kanton Bern wieder angesiedelt worden ist.

Das zeigt, wie unsicher die Lage der Wildkatze in manchen europäischen Ländern noch ist, wo sie verfolgt wird, weil sie angeblich Schäden unter dem Wild anrichtet, und wo man sie als ein furchtbares Untier hinstellt. Ihr werdet deshalb interessiert sein, sie so kennenzulernen, wie sie wirklich ist. Diese Katze steht unter den vom Aussterben bedrohten Tierarten auf der Liste der Internationalen Union für die Erhaltung der Natur, ist aber dennoch in manchen Ländern – darunter Frankreich – noch nicht geschützt. In Deutschland ist die Wildkatze seit mehreren Jahren ganzjährig geschützt und vermehrt sich seither allmählich wieder.

Die Wildkatze ist ein kräftiges, geschmeidiges Tier mit schlanken Gliedmaßen. Sie ist keine verwilderte Katze, keine Hauskatze mit getigertem Fell, die wieder wild geworden wäre und unabhängig von Menschen lebte. Die Hauskatze ist kleiner als die Wildkatze und ihr Schwanz länger und vor allem dünner. Der Schwanz der Wildkatze ist charakteristisch: keulenförmig, sehr dicht behaart, fast in seiner ganzen Länge gleichmäßig dick; er weist 6, 7 oder 9 schwarze Ringe auf und endet in einem noch breiteren letzten Ring.

EHER NÜTZLICH ALS SCHÄDLICH

Das ausschließlich im Wald lebende Tier trägt seinen Namen *Felis silvestris* zu Recht. Es bevorzugt Hochwälder mit Lichtungen und Gebirge bis zu einer Höhe von 1600 m. Einige Exemplare suchen auch Pappelanpflanzungen auf und können sich in der Nähe von Teichen oder kleinen Wasserläufen aufhalten, die sich am Rand eines Waldes dahinziehen. Ein biologischer Berater in den Ardennen hat festgestellt, daß die Wildkatze ein ausgezeichneter Vernichter der schädlichen Bisamratte ist.

Felis silvestris weicht dem Menschen aus und ist vor allem in der Dämmerung und in der Nacht tätig. Doch wenn sie nicht gestört wird, begegnet man ihr auch am Tag. Stunden verbringt sie schlummernd, auf irgendeinem großen Ast ausgestreckt, die Beine unter den Körper gezogen. Auch ein großer Stein zwischen dem Heidekraut, ein altes Krähennest, ein verlassener Dachsbau können ihr als Ruhestätte dienen.

Ein junges Eichhörnchen in einer Tanne, ein Vogel im Nest, ein Kaninchen, zu früh aus seinem Bau geschlüpft, sind verlockende Beutetiere. Bei Gelegenheit läßt sie sich auch einen unvorsichtigen Fasan schmecken.

Doch seit 1962 zeigen die Arbeiten des Zoologischen Labors der Naturwissenschaftlichen Fakultät der Universität Nancy, gestützt auf entsprechende Forschungen in Deutschland und in der Tschechoslowakei, daß „die Nahrung der Wildkatze über 90 Prozent kleine Nager enthält, worunter die Feldmäuse 85 Prozent darstellen, während die größeren Waldmäuse weniger geschätzt werden". Wir sehen also, daß sich die Wildkatze als Verbündeter der Landwirte erweist.

Aber sie fängt junge Vögel, wird man einwenden. Gewiß, aber bei 90% Nagern nur 6% Vögel! Und außerdem wollen wir auch nicht vergessen, daß sie mit einem geschickten Tatzenhieb hier und da einen schwachen oder kranken Fisch aus seichtem Wasser zu holen versteht.

UNSERE LETZTE WILDE KATZE

Im Walde vereinigen sich die Wildkatzenpaare für eine kurze Paarungszeit.

Im Februar, März verkündet die Katze durch Schreie und Miauen in wechselndem Ton, daß sie zur Paarung bereit ist. Nach einer Tragezeit von 66 Tagen im April, Mai, sucht sie sich einen hohlen Baum oder ein vor dem Wind geschütztes Dickicht und bringt 3 bis 6 Junge zur Welt. Sie erweist sich als zärtliche und aufmerksame Mutter. Im allgemeinen hat sie jährlich nur einen einzigen Wurf, wenn dieser jedoch eingeht, kann es gegen Sommerende zu einem zweiten kommen. Die Mutter säugt die Jungen drei Monate lang; danach werden sie mit kleinen Nagern, Maulwürfen und Vögeln bis zu ihrem fünften Monat gefüttert. Dann haben sie ihre Unabhängigkeit erreicht. Weibliche Tiere werden 3,5 kg, männliche 5 kg schwer.

Wollen wir nur hoffen, daß die Wildkatze, das einzige in Europa noch erhaltene katzenartige Tier, in allen Ländern Europas geschützt wird, wie es in Deutschland schon der Fall ist.

Nutzen wir die Wildfrüchte

Die wilden Himbeeren haben einen erlesenen Duft. Wenn ihr die Möglichkeit habt, sie zu ernten, eßt sie roh, mit ein wenig Zucker bestreut und zusammen mit Milch oder mit frischer Sahne.

Wenn eure Ernte reichlich ist, könnt ihr auch wohlschmeckende Konfitüren davon zubereiten.

Auf die gleiche Weise macht ihr es mit Brombeeren, die ihr im August und September in Mengen am Waldrand pflücken könnt. Ein Teil der gepflückten Früchte darf nicht allzu reif sein (dunkelrot), wenn ihr möchtet, daß die Konfitüre fest wird. Auch ein wenig Zitronensaft oder ein paar Äpfelschnitze erfüllen den gleichen Zweck.

Ein ausgezeichnetes Kompott erhaltet ihr, wenn ihr folgendes tut. Gebt eure Himbeeren (oder die Brombeeren) in einen heißen Sirup, den ihr zubereitet, indem ihr – auf 1 kg Himbeeren – 500 g Zukker in 1/4 Liter Wasser auflöst. Stellt den Topf aufs Feuer und laßt alles leicht aufkochen. Dann laßt die Masse abkühlen, nehmt die Früchte heraus, laßt ein wenig von dem Sirup einkochen und gießt ihn, sobald er wieder kalt geworden ist, über die Früchte. Nun könnt ihr das Kompott servieren.

Und wißt ihr, wie ihr eine köstliche Erfrischung bereiten könnt? Himbeeren für ein bis zwei Wochen in guten Weinessig legen, ein wenig von der Flüssigkeit, die ihr so erhalten habt, nach Geschmack zuckern und in ein Glas frisches Wasser gießen. Das gibt ein sehr aromatisches, durststillendes Getränk.

Glaubt nur nicht, daß euch die kalte Jahreszeit um das Vergnügen einer nützlichen Ernte bringt: nach den ersten Frösten pflückt man am Waldrand und in Hecken die Hagebutten, diese seltsamen Früchte der Heckenrose, und kann eine schmackhafte Marmelade daraus machen. Wir haben in dem Buch „Die Wiese" bereits ein Rezept dafür gegeben. Hier nun ein anderes:

Schneidet die schwarze Spitze der Früchte ab, schlitzt die Früchte auf. Laßt sie, mit Wasser oder Weißwein bedeckt, 3–4 Tage weichen. Rührt hin und wieder um. Dann laßt das Ganze eine Stunde langsam kochen. Passiert es durch den Wolf. Gebt zu dem erhaltenen Brei 2/3 des Gewichts an Kristallzucker. Laßt alles noch 1/2 Stunde auf langsamem Feuer kochen.

Wenn eure Ernte nur bescheiden ist, könnt ihr die Hagebutten als Würze zubereiten. Wartet nicht, bis sie ganz reif sind, schneidet sie roh in zwei Hälften und schabt geduldig mit einem kleinen Spachtel (eine neue Haarnadel tut es auch) die harten Kerne und die Haare aus dem Inneren. Laßt sie wie kleine Gurken in Essig weichen. Ihr werdet bestimmt die Neugier eurer Freunde mit diesen kleinen ungewöhnlichen „Pfefferfrüchten" erregen. Sie sind süßsauer und aromatisch. Die schwarzen Holunderbeeren kann man, ehe sie reif sind, ebenso verwenden und damit Kapern ersetzen.

Die reifen Beeren des Schwarzen Holunders ergeben gute „hausgemachte" Konfitüre, die noch besser wird, wenn man ein wenig Zitronensaft hinzufügt. Aber man muß die Beeren vorher zukkern.

Die blauschwarzen Heidelbeeren und ihre Verwandten, die dunkelroten Preiselbeeren, geben ebenfalls ausgezeichnete Konfitüren. Sie haben die wertvolle Eigenschaft, das Sehvermögen zu verbessern, besonders in der Nacht. Deshalb gehören sie zur Diät der Astronauten, und die Flugzeugpiloten oder Rennfahrer bevorzugen sie.

Der Trauben-Holunder (oben) trägt im Mai eine kegelförmige Rispe aus gelblich-weißen Blüten, die rote, hübsch angeordnete Beeren bringen; die Kerne sind giftig.

Der duftende und nützliche Schwarze Holunder (oben) trägt im Juni–Juli eine große, weiße Trugdolde. Ihre schwarzen, leuchtenden Früchte ergeben eine wohlschmeckende Konfitüre.

Feuer-Alarm

Vielleicht wißt ihr schon – Presse, Radio und Fernsehen sagen es sehr häufig –, daß Brände jährlich 35000 bis 40000 ha Wälder und Maquis in Frankreich vernichten. In der Bundesrepublik sind vor einigen Jahren riesige Waldflächen in Norddeutschland abgebrannt. Das ist eine Katastrophe, denn es braucht Dutzende von Jahren und viel Mühe und Wachsamkeit, um die Vegetation eines verwüsteten Waldes wiederherzustellen, wenn nicht überhaupt das entblößte Gebiet durch Erosion völlig zerstört worden ist. Strömender Regen kann einem Boden in mittlerer Hanglage, der nicht von Vegetation bedeckt ist, bis zu 150 t Erde je ha und Jahr nehmen. Dazu kommt noch der Wind, der bei Trockenheit gerade die wertvollsten Bestandteile wegbläst.

◆ Die Hauptursachen von Bränden sind Unachtsamkeit von Kindern, Rauchern, Campern und Picknick-Veranstaltern, von Leuten, die Unkraut verbrennen, von Funken aus schlecht eingestellten Autoauspuffs, von nicht ausgelöschten Zigaretten, die man wegwirft. Fast drei Viertel der Waldbrände entstehen am Rand von Straßen.

◆ Das Feuer breitet sich um so schneller aus, je mehr Nahrung es am Boden findet: trockene Farnwedel und Heidekraut brennen wie Stroh. Waldbrände sind dort besonders heftig, wo die Kiefern von der Sonne ausgedörrt sind. Außerdem sprühen Kienäpfel, die beim Brennen zerplatzen, Funken in alle Richtungen, und glühende Nadeln, die vom Wind davongetragen werden, breiten das Feuer über große Entfernungen aus.

◆ Am 20. August 1949 kreiste in der Gascogne ein gewaltiger Waldbrand, der innerhalb von zwei Tagen 32000 ha Nadelwald vernichtete, 82 Helfer ein, die in den Flammen starben. Heute ist dieser Wald weniger bedroht, da er aufmerksam überwacht wird. Man hat dort Wachttürme eingerichtet sowie Wasserstellen und ein Netz von „Feuerschneisen" – Geländestreifen von 60 m Breite, die kahl gehalten werden –, von denen aus man einen etwaigen Brand bekämpfen kann.

◆ In Frankreich bekämpft man die Waldbrände seit 1963 aus der Luft: zu Anfang mit Hilfe von Wasserflugzeugen des Typs „Catalina", die 4000 l Wasser tragen können, und seit 1969 mit großen Flugzeugen, Typ „Canadair", die neues Wasser einfach dadurch aufnehmen, daß sie über die Meeresoberfläche oder einen See rasen, ohne den Flug zu unterbrechen. Diese Canadair-Flugzeuge haben auch bei den ungeheuren Waldbränden in der Lüneburger Heide vor einigen Jahren bei der Brandbekämpfung geholfen.

◆ Wir müssen überaus vorsichtig sein, um die im Sommer ständig bestehende Gefahr von Waldbränden zu vermeiden, um so mehr, als die Ascheschicht wenig düngende Eigenschaften besitzt, Samen unfruchtbar macht, Feuchtigkeit aufsaugt, Humus zerstört.

◆ Scheut euch nicht, Erwachsene darauf hinzuweisen, daß sie in Nadelwäldern niemals rauchen dürfen. Und denkt auch selbst daran, wenn ihr Zeugen einer kleinen Flamme werdet, daß man sie mit Zweigen ausschlagen kann.

◆ Denkt auch an die Tiere, die in den Flammen umkommen würden. Ohne von Schlangen, Kröten und Eidechsen zu sprechen oder von den Millionen Insekten, wird geschätzt, daß auf jeden verbrannten Hektar Wald 300 tote Vögel und 400 Säugetiere kommen …

Auch im Wald dienen Wasserzapfsäulen (Hydranten) manchmal zur Brandbekämpfung.

Unter der drückenden Sonne

In den trockenen und heißen Gebieten der Mittelmeerküste, die ihr vielleicht von Campingferien her kennt, gibt es Wälder von trokkenheitliebenden Pflanzen, deren Blätter klein, zähe und oft recht dornig sind, damit nicht zu viel Wasser aus ihrem Gewebe verdunstet. Stämme und Stiele von Bäumen, Sträuchern und Kräutern dieser Gebiete sind nie sehr hoch und bieten so der Gewalt der heißen Winde weniger Angriffsmöglichkeit.

Das soll nicht heißen, daß es hier nicht auch hohe Bäume gäbe. Die glühende Sonne regt die wohltuenden Ausdünstungen der Seekiefern an, die selbst eine Essenz des Lichtes sind, da sie mit all ihren Nadeln die Sonnenenergie aufnehmen. Die Aleppokiefer – trotz ihres Namens auch in Europa heimisch – findet sich schon in der Provence allenthalben, genau wie die Pinie. Der herrliche Schmuck, den die Kiefernwaldungen des Südens darstellen, ist nicht nur ein Anziehungspunkt für Touristen, sondern bietet auch wirtschaftliche Vorteile: Holz und Harz.

In Trockengebieten weit verbreitet ist die Immergrüne Eiche, deren graugrünes, dichtes und dauerndes Laub der Landschaft ihr charakteristisches Aussehen verleiht. Sie war einer der großen Bäume des Urwaldes, der früher etwa den Süden Frankreichs bedeckte und dessen Wiederherstellung sich als Titanenarbeit erweist: die Menschen, die Schaf- und Ziegenherden haben sich tatsächlich zusammengetan, um seine Verwüstung zu dürrer Steppe zu beschleunigen.

In diesen Baumsteppen erreicht die Immergrüne Eiche selten mehr als 15 m Höhe und wird von trokkenheitliebenden Pflanzen wie Pistazienbaum und Wacholder begleitet.

Die offenen, leicht zugänglichen flachen Baumsteppen nehmen große Strecken der Kalkböden in der Provence und der Languedoc ein. Dort begegnet ihr auch, gemeinsam mit der Immergrünen Eiche, dem Zwerg der Familie, der Kermeseiche, die zwar 3 bis 4 m erreichen kann, aber dennoch selten über 70 cm hoch wird. Diese kleine stachlige Eiche mit eiförmiger Eichel, deren Becher von spitzen Schuppen bedeckt ist, nährt Brände gemeinsam mit Rosmarin und Heidekraut...

Dieser Baumsteppe auf kalkhaltigen Böden, die Garrigue genannt wird, entspricht das Maquis auf den siliciumhaltigen Massiven Korsikas und kleineren Sandstein- und Tonschiefermassiven in der Gegend von Toulon. Das ist eine ziemlich hohe, dichte und buschige Strauchformation, bisweilen undurchdringlich, wo sich die Holzpflanzen der Immergrünen Eiche mit Pflanzen vergesellschaften, die Siliciumböden vorziehen.

Die Korkeiche herrscht dort vor. Sie ähnelt der Immergrünen Eiche darin, daß sie ihr Laub nicht abwirft, allerdings ist das Laub nicht so dicht, ihre dicke Rinde jedoch viel tiefer eingerissen.

In südlichen Ländern erfüllt das schrille Lied der Zikaden die Luft in den heißen Stunden.

In der niedrigen Vegetation des Maquis, die von strauchartigen Bäumen mit verkümmerten Blättern beherrscht wird, fällt der Arbutus auf, dessen zunächst weiche, rote und samtige Zweige oft buschförmige Bäumchen ausbilden. Doch wenn der Stamm in vollem Licht wachsen kann und nicht bedrängt wird, vermag der Arbutus bis zu 10 m hoch zu werden, dicht besetzt mit seinen ausdauernden Blättern, die an die Gewürzlorbeerblätter in der Küche erinnern, jedoch zäher sind. Die schmackhafte rote Beere des Arbutus hat ihm den Beinamen „Erdbeerbaum" eingetragen, obwohl die Frucht keineswegs die gleiche Struktur wie die Erdbeere aufweist.

Die Maures-Berge an der französischen Mittelmeerküste sind geschützt. Dort soll der Wald wieder angepflanzt und dabei die Korkeiche vermehrt werden, die sich hier nur noch in selbst ausgesäten Gruppen findet.

Der „Erdbeerbaum" ist im Mittelmeerraum heimisch. Man macht Wein, Schnaps und Konfitüre aus den Früchten.

An den Eicheln läßt sich die Immergrüne Eiche von der Stechpalme unterscheiden.

Die Blüte des Mispelstrauches hat seine merkwürdige Frucht gebracht, eine ganz borstige Kugel, die erst nach dem Frost schmackhaft wird. Sie bildet die Nahrung vieler Tiere.

In den Wäldern hat der September den Abzug der Nachtigallen eingeläutet und das Laub der Zitterpappeln und der Haseln gelb gefärbt. Der Herbst zeigt sich in seiner ganzen Pracht und Fülle, wenn das Laub nacheinander in warmen Farben flammt: das Gelb der Birken, das Ocker der Lärchen, das vielfältige Gold der Buchen und Kastanien, das Karminrot der Mehlbeeren und Ahornbäume, die lebhaften Rottöne der Ebereschen, der ins Violette spielende Ton der Eichen... Wenn das unveränderliche Grün der Tannen all diese Nuancen vertieft, ergibt sich eine Pracht, bei der einem die Augen übergehen.

Lange vor dem Abwerfen der Blätter lassen die Zweige der Bäume, die Blätter und Knospen gebracht haben, in ihrer Tätigkeit nach; sie halten Winterruhe und erwachen erst im Frühjahr wieder. Während das unterirdische Leben weitergeht, scheinen viele krautartige Pflanzen trotz milder Stunden im Oktober in tiefen Schlaf versunken.

Die Tage gehen dahin und werden immer kürzer. Gräser und Farne verdorren. Eicheln und Bucheckern fallen. Es ist die Jahreszeit der Früchte, die an den niedrigen Sträuchern rot oder blau werden. Dann kommt für die Laubbäume und die Lärchen das Fallen der Blätter und der Nadeln.

Der Herbst

Der erste Frost ... Der November hängt seine dichten Nebelschleier an den großen entlaubten Buchen auf. Der Sturm beugt die Weiden zu Boden und läßt das Astwerk der Eichen ächzen und knarren.

Heidekraut (Calluna).

Pflücken oder nicht ...

Wir pflücken den letzten Heidestrauß auf der Lichtung, denn an vielen Stellen welkt das Heidekraut schon von Oktober an. Der wissenschaftliche Name ist *Calluna,* nicht etwa *Erica.* Früher fand man es nur im Wald, doch heute dehnt es sich auf jene Heidegebiete aus, die so viele abgeholzte Wälder ersetzt haben. Die Graue Heide, deren rosa, violette oder weiße Blütenkrone Blütenblätter von 3 mm hat, findet man nur im Rheinland und im östlichen Frankreich. Sie ist wirklich eine *Erica.* Der eine oder andere Zweig mag sich – trokken – lange halten, doch bei der geringsten Berührung lösen sich die kleinen Blüten – in quirligen Trauben auf einer Seite des Zweiges – und fallen ab.

Jetzt wird es Zeit, die Wildfrüchte von kleinen Bäumen und Sträuchern zu ernten: Holunder, Vogelbeere, Hagebutte; auch die wohlschmeckenden Brombeeren für die Konfitüre (S. 63) und die Wintervorräte für die Vögel sind nicht zu vergessen (S. 91).

Graue Heide (nur im Rheinland).

Nach den ersten Frösten können wir roh oder als Marmelade die Früchte von Weiß- oder Hagedorn essen und Schlehen und Mispeln ernten. Die braunroten Mispeln sind bitter und hart vor dem Frost, doch sehr angenehm, wenn sie teigig geworden sind – trotz der vielen Kerne. Die Vögel mögen sie gern. Im Frühling hatten sie ein gutes Obdach in dem schönen Strauch gefunden, der 4 m hoch werden kann und im Monat Mai hübsche weiße oder rosa, einzeln stehende Blüten trägt, was bei den Sträuchern und Bäumen selten ist.

Auch andere Sträucher wecken im Herbst unsere Aufmerksamkeit: z. B. die Kornelkirsche, die längliche Früchte von leuchtendem Dunkelrot mit einem dicken Stein trägt. Ihre Äste können euch einen guten Wanderstock liefern (S. 36). Ihr müßt ihn schneiden, wenn die gelben Blüten duften. Aus diesen Blüten entstehen die säuerlichen Kornelkirschen, die ihr gefahrlos kosten könnt. Doch Vorsicht! Verwechselt sie nicht mit den giftigen Früchten des Roten Hartriegels. Diese sind schwarz, viel kleiner und in Dolden angeordnet. Der Rote Hartriegel hat, wie sein Name andeutet, Zweige von schönem Rot, das im Herbst und Winter leuchtet. Seine Blätter sind kahl, während die der Kornelkirsche auf der Unterseite ein wenig samtig sind.

Früchte des Roten Hartriegels (giftig).

Auf den Lichtungen findet man bisweilen ganze Gesellschaften der Rainweide (Liguster). Ihre Beeren, ebenfalls schwarz und rund, sind für den Menschen nicht genießbar, aber der Gimpel scheint mit ihnen ganz zufrieden zu sein.

Der Wollige Schneeball steht vor allem auf Kalkboden. Im April, Mai trägt der filzige Strauch hübsche weiße Trugdolden, die im Herbst zu ovalen Beeren werden, erst rot, dann schwarz. Sie sind giftig. ▶

Eine andere Art, der Gemeine Schneeball, dem wir in Parks und Gärten begegnen, liefert neben seinen duftenden Blüten sehr elastische Zweige, die euch als Schnüre und Riemen dienen und auch für die Korbmacherei verwendet werden können. Doch rührt die runden roten Beeren nicht an: sie sind nicht ungefährlich. ▶

VON DER KLAMMER BIS ZUM HUBSCHRAUBER

Die Pflanzen haben verschiedene Möglichkeiten, ihren Samen zu verbreiten, und das ist gut so, denn sonst würde sich die Art nur unter der Mutterpflanze ansiedeln, statt daß die Verbreitung auf immer weiteren Flächen sichergestellt wird.

Die einen, etwa das Labkraut (der „Stolze Heinrich"), die Klette, die Echte Nelkenwurz, machen sich das Vorübergehen eines Spaziergängers, eines Hundes oder eines Kaninchens zunutze, um ihm ihre Früchte anzuhängen. Diese sind mit Hakenhaaren besetzt und werden auf diese Weise oft über weite Entfernungen transportiert.

Andere rüsten ihre Frucht mit einem Haarbüschel aus. Ihr kennt die Samen von Löwenzahn, Distel und Weidenröschen, die vom Wind weggetragen werden, während sie an ihrem Fallschirm aus ausgebreiteten Haaren hängen.

Manche Samen von Bäumen haben lange vor dem Menschen auf die „Luftfahrt" gesetzt. Sie haben die Ballons, die Segelflugzeuge und andern Flugmaschinen erfunden. Das gilt für die Ulme mit ihren Drachenfliegern und für den Ahorn mit seinen hubschrauberähnlichen Propellern.

Es gibt sogar Pflanzen, die ihre Samenkörner abschießen wie winzige Kanonen, Früchte, die wie Bomben platzen und ihre Samen in alle Richtungen schleudern. Dazu gehören das Springkraut oder Rührmichnichtan, der Besenginster und andere Hülsenfruchtpflanzen (die sich jäh öffnenden Schoten liefern die Federkraft).

Die Klette.

Die Propeller des Ahorns.

Die Früchte des Weidenröschens.

Für ein Fest oder eine Party möchtet ihr vielleicht Papierabzeichen oder Schleifen an der Kleidung befestigen oder vielleicht auch kleine Schmuckelemente oder Notizzettel an eine mit Stoff bespannte Wand heften. Schneidet dazu die Köpfe der Klette ab (sie sehen aus wie kleine Artischocken). Flacht sie an der Basis mit Hilfe eures Messers sorgfältig ab und befestigt dort mit einem Tropfen Leim das Zeichen, das ihr anheften wollt. Nun drückt das Ganze auf den Stoff: wegen der Haken des Klettenköpfchens wird es sehr gut halten.

ZIEHT FARNE

Der Farn ist so ornamental, daß man sich oft wünscht, eine solch schöne Pflanze im Haus zu haben. Natürlich könnt ihr einen Farn umpflanzen, wenn ihr gut darauf achtet, auch die unterirdischen Teile mit allen Wurzeln auszugraben. Ihr müßt nur wissen, daß die Farne Schatten, Humus und Wasser lieben.

Aber mit etwas Geduld könnt ihr auch die Freude haben, die Geburt von Farnen zu erleben. Dazu sammelt ihr im Sommer Stücke von Farnwedeln, die braune Sporen tragen.

Bereitet einen kleinen Blumentopf mit Humus oder Torf vor, den ihr vorher überbrüht, um fremde Keime abzutöten, die er enthalten könnte. Der Topf wird in einen Übertopf gestellt, in den 3 bis 4 cm hoch Wasser gegossen worden ist.

Auf den feuchten Boden des Blumentopfes streut ihr die Sporen des Farns, indem ihr sie von dem Wedelstück, das die Sporangien aufweist, abklopft. Deckt diese Oberfläche mit einer umgedrehten Glasschüssel zu oder mit dem abgeschnittenen Boden einer durchsichtigen Plastikflasche, um die Feuchtigkeit zu erhalten. Stellt alles bei mäßiger Temperatur – 15 bis 20 °C – in den Schatten. Und dann müßt ihr geduldig warten. Je nach der Farnart wird die Erdoberfläche im Blumentopf nach einigen Tagen oder Monaten grünen: die Sporen keimen, die Prothallien (die Vorkeime des Farns) entwikkeln sich. Verfolgt diese Entwicklung mit der Lupe. Ihr könnt das Entstehen der Pflänzchen geradezu sehen. Wenn sie 2 bis 3 Blätter haben, verpflanzt ihr sie vorsichtig in einen größeren Topf – dazu nehmt ihr die Erde, in der sie stecken, mit. Deckt sie zum Schutz noch für einige Zeit zu. Wenn ihr meint, daß die Pflänzchen kräftig genug sind, laßt ihr sie unzugedeckt weiterwachsen und gebt ihnen schließlich die Bedingungen, die oben für den erwachsenen Farn genannt sind.

HERBSTLICHE DEKORATIONEN ALS ZEITVERTREIB FÜR SCHLECHTE TAGE

Auf farbigem Kartonpapier aufgezogene Herbstblätter können ein sehr hübsches Bild ergeben.

Man kann das Trocknen der Blätter beschleunigen und sie gleichzeitig glätten, indem man sie unter einem Tuch oder einem Löschblatt warm bügelt. Bügelt die Blätter nach zwei Tagen noch einmal, falls sie wieder faltig oder krumm geworden sind.

Sucht euch die schönsten aus, einfarbig oder bunt, getüpfelt, getigert, marmoriert. Legt sie dann auf euer Papier und sucht dabei die beste Wirkung. Wenn die Anordnung bestimmt ist (aber nicht vorher!), befestigt ihr die Blätter eins nach dem andern mit ein paar leichten Leimtupfern. Das ist alles.

Wenn ihr die entstandenen Bilder mit einer Klarsichtfolie schützen wollt, dann legt ihr diese am besten flach auf den Tisch und schneidet sie etwas größer als den Karton. Beschwert die Ränder, wenn sich die Folie rollen will. Legt das Bild darauf und drückt es leicht an. Wenn ihr die Folie nicht an den Kartonrändern glattschneiden wollt, faltet die überstehenden Streifen auf die Kartonrückseite und streicht sie glatt. Oder ihr klebt sie auf der Rückseite fest. Dazu müßt ihr die Ecken ab- oder ausschneiden.

Diese prächtigen Herbstblätter lassen sich auch zu einem hübschen Schmuck für Briefkarten, Einladungen, Tisch- und Speisekarten u.a. verwenden. Mit einem oder mehreren kleinen Blättern, einem Mooszweig, einigen Grashalmen, alles ganz trocken und sauber in die linke obere Ecke geklebt oder bei Klappkarten auf eine ganze Seite, könnt ihr einen zarten, gewiß zerbrechlichen, aber ganz persönlichen Schmuck anbringen. Wenn es nötig ist, läßt sich die Dekoration mit einigen Federstrichen vervollständigen.

Legt euch die nötigen Vorräte im Herbst an, wenn die Zeit dafür gekommen ist. Bewahrt sie trocken auf. So habt ihr die Mittel, lange Winterstunden zu einer Freude zu machen, und Gelegenheit, auch eure Freunde zu erfreuen.

Die Blätter fallen ...

Mit seinen lodernden Farben, in denen nach und nach das Laub entflammt, ist der Herbst gewiß die schönste Jahreszeit des Waldes. Diese Schönheit wird mit dem Fall der Blätter bezahlt, eine Erscheinung, die verschiedene Auswirkungen auf das Leben im Wald hat.

Betrachten wir dieses Herbstlaub einmal aus der Nähe. Die Blätter tragen die Spuren ihres Kampfes um das Überleben. Die Ränder sind von den Bissen zahlreicher Tiere beschädigt. Die Blattspreiten sind auf die verschiedenste Weise durchlöchert. Bald zeigt das Blatt Gallen vom Stich irgendwelcher Gallwespen

oder das verwickelte Netz der Wege von Minierlarven, bald weist es Blasen auf, Nester von Spinnenartigen, Schäden von Wurmfraß oder von Kokons, die sich dort versteckt haben. Gelbe, ockerfarbene oder schwarze Flecke sind auf verschiedene Pilze zurückzuführen. Die alten Blätter haben ihre Rolle ausgespielt, sie werden sterben und abfallen.

Die Pflanzen, die wie alles, was auf Erden lebt, dem Wechsel von Tag und Nacht unterliegen, sind sehr empfindlich für die Dauer des Lichts. Wenn die Tage kürzer werden, sind sie einer tiefen Veränderung unterworfen. Chemische Umwandlungen gehen in ihnen vor sich. Das Chlorophyll verwandelt sich in gelbe, braune, rote inaktive Farbstoffe, und das geschieht ziemlich schnell, wenn auch etwas Chlorophyll zunächst noch entlang der Nerven vorhanden ist, oft sogar noch nach dem Fall. Aber die Zellen der abgelösten Blätter sterben, und das Winterlaub, das überall im Wald liegt, nimmt allmählich die bekannte Farbe des „welken Laubs" an, die ziemlich gleichmäßig ist.

Im November trägt die Eiche immer noch Büschel dürrer Blätter.

Während dieser Umwandlung entwickeln sich Korkzellen an der Basis des Blattstiels und bilden eine Schicht, die das Blatt vom Zweig trennt, an dem es bisher festsaß. Die brüchig gewordene Anheftung gibt beim geringsten Windstoß, bei der geringsten Berührung und schließlich sogar unter dem bloßen Gewicht des Blattes nach. Es löst sich ab und fällt. Einige, die von ihren holzigeren Gefäßen gehalten werden, bleiben noch eine Zeit hängen. Bei vielen Eichen fallen die Blätter erst im Frühjahr, wenn die neuen sprießen, und der Winterwald bewahrt also das ein wenig trübe Aussehen seines rötlichen oder violetten Brauns.

Aber ihr werdet überrascht sein, unter den Sträuchern den ganzen Winter über das grüne Laub von Stechpalme, Buchsbaum und Efeu sowie die rötlichen der Brombeere zu finden: diese zähen Blätter fallen nicht auf einmal, deshalb scheinen die ständig besetzten Zweige ausdauerndes Laub zutragen.

Seht euch den Zweig gut an der Stelle an, wo sich das Blatt abgelöst hat. Eine Narbe ist dort geblieben, je nach den Arten verschieden, doch häufig in Form eines V oder eines Halbmondes, nach oben geöffnet. Darin seht ihr mit der Lupe eine Knospe, die anzeigt, daß der Frühling – ganz gegen alle Zeichen des Herbstes – bereits vorprogrammiert ist.

Blüten und Schmetterlinge aus Blättern

In den Stunden, in denen euch das schlechte Wetter im Haus festhält, könnt ihr euch mit einer ganz vergnüglichen Sache beschäftigen.

Dazu müßt ihr allerdings vorher von verschiedenen Kräutern, Bäumen, Sträuchern kleine Blätter gesammelt haben, die ihr für jede Art so aussucht, daß sie sich nach Form und Größe möglichst gleichen. Zwischen Löschpapier oder auch Zeitungen flach unter starkem Druck getrocknet, wie man es auch bei den für das Herbarium bestimmten Pflanzen tut, dienen sie euch jetzt dazu, erstaunliche Blumen zu schaffen, deren Blütenblätter sie werden, oder auch Schmetterlinge, bei denen sie die Flügel bilden. Dazu klebt ihr sie mit anderen getrockneten Pflanzenteilen zusammen, mit Grashalmen, kleinen flachen Samen, flachgedrückten Kätzchen – ganz, wie es euch die Phantasie eingibt.

Natürlich könnt ihr auch mit grünen Blättern arbeiten. Doch wenn ihr eure Blätter erst sammelt, wenn sie die schönen Herbstfarben angenommen haben, erhaltet ihr prächtige Wirkungen, reich an Farben und phantasieanregend.

Ahornpropeller werden zu Libellenflügeln, wenn ihr die Samenkörner herausnehmt, die sie enthalten. Und wenn ihr ein Blatt findet, dessen Spreite verschwunden ist und nur ein Netz von Nerven hinterlassen hat, das ihr mit feinem Pinsel leicht blau oder grün tönt, wird die Ähnlichkeit mit einer Libelle im Flug noch stärker und euer Werk noch hübscher.

Wenn ihr eure Schöpfungen harmonisch auf einen Bogen Kartonpapier klebt und einen schönen breiten Rand laßt, habt ihr bemerkenswerte und fröhliche Bilder als Schmuck für die Wände eures Hauses.

Ist dieser Zweig jung oder alt?

Ein Trieb des laufenden Jahres unterscheidet sich von den andern Teilen des Zweiges, der ihn trägt: glattere Rinde, andere Farbe, weicheres Holz; und im allgemeinen fehlen Seitenzweige (die Knospen in den Blattachseln entwickeln sich erst im zweiten Jahr, wenn sie nicht verkümmern).

Dieser Trieb verlängert den Zweig; er ist aus einer Knospe des Zweiges entstanden, und ihr findet an seiner Basis einen unebenen Ring. Dieser stammt von den flachen Wunden, die die Schuppen der „Vegetationsknospe" nach ihrem Abfallen hinterlassen haben. Man darf diese Schuppennarben nicht mit den Narben verwechseln, die von den abgefallenen Blattstielen zurückgeblieben sind. Diese erscheinen auf der Rinde als mehr oder weniger abgeflachtes Dreieck oder als Halbmond, aber sie laufen *nie ganz um den Zweig herum*.

Der ganze Teil zwischen diesem Ring und der neuen Endknospe (Vegetationsknospe) ist der Trieb des Jahres. Unter dem Ring befindet sich der Trieb des Vorjahres, dessen untere Grenze der Ring bildet, der von den Schuppenwunden jener Knospe stammt, aus der er sich entwickelt hat. Und so weiter nach unten. In zahlreichen Fällen könnt ihr also, indem ihr bis zum Anfang des Zweiges „hinabsteigt", sein Alter in Jahren feststellen. Es genügt, die Abschnitte zwischen den Narbenringen zu zählen, die er aufweist: so viele Abschnitte, so viele Jahre plus eins (das Jahr des neuen Triebes). Das gilt für die meisten Laubbäume des Waldes. Aber bei manchen Bäumen (Ulme, Weide, Linde, Haselstrauch ...) ist es schwer zu erkennen, weil dort der neue Trieb aus einer oder aus zwei Knospen entsteht, die der verschwundenen Endknospe benachbart waren. Daraus ergibt sich eine kleine Abknickung des Zweiges oder eine Gabelung. Aber die Schuppennarben bilden dennoch einen Ring um die Basis des Triebes.

Bei einem sehr verzweigten Ast sind die Seitenzweige meistens ein Jahr jünger als der Teil des Hauptastes, auf dem sie entstanden sind, denn die Knospe, aus der sie sich entwickelt haben, ist frühestens in dem Jahr zu einem Zweig geworden, das dem Jahr ihres Entstehens folgte.

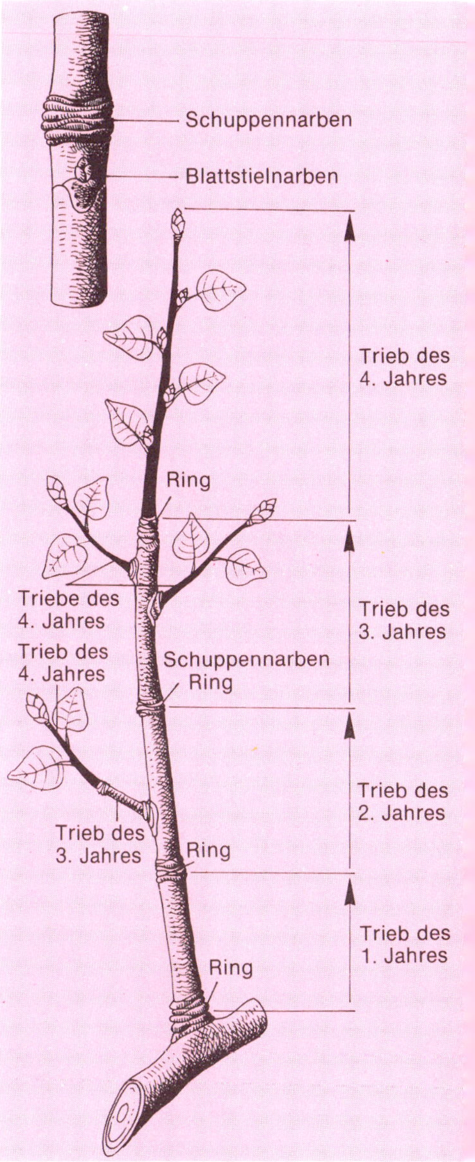

Originale . . .

Pfifferlinge

Merkwürdige Pflanzen, die in einer einzigen Nacht entstehen, sich in mehreren Stunden entwickeln und manchmal „Hexentanzplätze" in Unterholz oder Wiese zeichnen.

Pilze sind recht originelle Pflanzen: keine Blätter, keine Blüten, meistens keine Wurzeln. Es gibt Hunderte von Arten, von denen viele Waldbewohner sind, angefangen bei denen, die sich in Hut- oder Schirmform auf einem Fuß erheben, über hohle Trompeten- oder Becherformen bis zu denen, die ausgehöhlt sind wie Schwämme. Man sieht Pilze, die in dichten Trupps die Stümpfe toter Bäume besetzen, andere, die sich zu kleinen Büschen aufrichten, wieder andere, die sich, ohne Fuß, zu einer kleinen Birne oder einem dicken Ballon runden, noch andere schließlich, die völlig unerwartet eine dicke Zunge aus einem noch lebenden Baum herausstrecken ...

All das, was ihr da seht, ist nichts anderes als der Fruchtkörper der Pflanze. Der Vegetationskörper des Pilzes, der Thallus, der weder Gefäße noch Saft enthält, breitet sich im Boden aus, manchmal in den Wurzeln anderer Pflanzen oder unter der Rinde der Wirtsbäume, und hat die Form langer Fäden. Das ist das Myzel, wie man den Thallus auch nennt.

Das Myzel absorbiert Kohlenstoff und Substanzen, die schon von Chlorophyllpflanzen aufbereitet worden sind. Die Pilze beziehen also ihren Lebensbedarf entweder aus Abfällen, die sich im Boden zersetzen (man nennt diese Saprophyten), oder unmittelbar aus lebenden Organismen (Parasiten). Am häufigsten lebt der parasitische Pilz auf Kosten dessen, der ihm Unterkunft gewährt, und zwar von der Zellulose, die er zersetzt. Er schwächt den Wirt also und ist bisweilen so schädlich, daß er den Baum umbringt. Doch manchmal freilich, weit seltener, nützt diese Gesellschaft dem Baum auch und liefert ihm Stickstoff und Vitamine. Manchmal ist die Anwesenheit eines Pilzes unerläßlich für das Wachsen einer andern Pflanze, wie beispielsweise bei den Orchideen, die sich nicht entwickeln könnten, wenn nicht ein mikroskopisch kleiner Pilz in den langhaarigen Wurzelknollen wohnte.

Die Saprophyten nehmen aktiv Anteil an der Zersetzung der Abfälle und geben damit dem Kreislauf der Natur mineralische Stoffe zurück, die den Pflanzen nützen.

Betrachtet einmal aufmerksam die Unterseite eines Pilzhutes der üblichen Form. Sie ist entweder mit Lamellen (man sagt auch „Blätter") oder mit kleinen, dicht stehenden Röhren besetzt oder auch mit kleinen Löchern, die fast den Eindruck eines Schwammgewebes hervorrufen. Diese Organe – die euch helfen, die einzelnen Arten zu erkennen – tragen in der Reife feinen Staub (ähnlich wie Pollen), die *Sporen,* die, wenn sie keimen, neue Thalli, also neue Vegetationskörper, bringen. Ihr könnt sie nur unter dem Mikroskop untersuchen, aber ihr könnt sie auf einem sauberen Papier sammeln, das ihr für einige Stunden unter den Pilzhut legt. Die Farbe der Sporen ist ebenfalls eine Hilfe bei der Pilzbestimmung.

Sich die Wissenschaft von den Pilzen oder die Mykologie anzueignen dauert Jahre, doch beobachtet geduldig und genau *alle* Merkmale der folgenden Arten, und ihr werdet sie wiedererkennen.

RIESENSCHIRMPILZ (oder Parasolpilz). Ausgezeichneter Speisepilz, ohne Gefahr, wenn er gut gekocht wird. Der große Hut kann einen Durchmesser von 20 bis 30 cm erreichen. Man findet ihn in hellen Wäldern und auf Lichtungen. Er kommt zunächst in Form eines Eies aus dem Boden, das oben einen kleinen braunen Fleck aufweist. Dann wird er länger und entfaltet schließlich den schirmförmigen Hut, der im Zentrum einen rundlichen braunen Knopf und eine Art von braunen Schuppen trägt. Die Haut läßt sich leicht abziehen.

Riesenschirmpilz

Steinpilze

Welche Überraschung, wenn man einen solchen Pilz an einem Baumstamm entdeckt!

Die Lamellen unter dem Hut, der sich leicht abnehmen läßt, sind weiß, fein, berühren den Fuß nicht (Freiblättler) und stehen sehr dicht. Im Alter werden die Lamellen an den Rändern rötlich.

Der *sehr hohe,* quer gebänderte, hohle Stiel (man ißt ihn nicht mit) ist mit einem breiten, verschiebbaren Ring versehen, der auffällig und unterseits braun ist. Manchmal braun gemustert, mit bauchigem Fuß, besitzt er keine Volva (die sackförmige Scheide, die den Wulst des Fußes umschließt).

PFIFFERLING oder EIERSCHWAMM. Sehr wohlschmeckend. Blaß- bis dottergelb, mit fleischigem, unregelmäßigem Hut, der sich mehr oder weniger zu einem Becher öffnet. Statt der Blätter hat dieser Pilz unregelmäßige Leisten, die sich den ganzen Stiel entlang hinabziehen; sie sind von derselben Farbe wie Hut und Stiel. Der fleischige Stiel bildet mit dem Hut eine Einheit und kann nicht abgelöst werden.

TOTENTROMPETE, HERBSTTROMPETE. Eßbar, guter Gewürzpilz. Das zarte, elastische Fleisch ist in trockenen Zeiten grau, bei Feuchtigkeit schwarz gebändert, bildet einen bis zur Basis des Stieles reichenden hohlen Trichter. Im Gegensatz zum verwandten Pfifferling sind hier die Leisten nur schwach ausgebildet und wirken wie Adern. Ihr Geruch ist ausgeprägt, und sie wachsen in zahlreichen Trupps, vor allem in Buchenwäldern.

RÖHRLINGE. Man erkennt sie leicht an den feinen Röhren, die dicht an dicht auf der Unterseite des Hutes stehen. Der STEINPILZ ist der geschätzteste Röhrenpilz. Sein hell- bis dunkelbrauner, bis 20 cm großer Hut ist von weißlichen Röhren besetzt, die später hellgelb werden und sich im Alter dem Grünen nähern. Das Fleisch ist weiß und wird beim Schneiden nicht bläulich. Der kräftige, an der Basis verdickte Stiel ist weißlich oder bräunlich grau. Der Pilz ist recht verbreitet. Man findet ihn in Wäldern und auf Lichtungen von Juli bis Oktober.

SEMMEL-STOPPELPILZ. Er erhebt sich aus dem welken Laub auf dem Boden all unserer Wälder. Seine Größe ist sehr unterschiedlich: 5 bis 15 cm hoch. Der feste Hut ist weißlichgelb bis orangerötlich, oft unregelmäßig geformt. Er fühlt sich glatt, fast fettig an. Statt der Röhren oder Lamellen trägt die Unterseite des Hutes zahlreiche zerbrechliche Stacheln, etwas blasser als der Hut. Der Stiel ist kräftig, aber bricht leicht.

WARNUNG AN LIEBHABER

Gewiß, es gibt Pilze, die köstlich schmecken, doch auch andere, die einfach ungenießbar sind und wieder andere, die giftig, bisweilen sogar tödlich sind wie der Knollenblätterpilz …

Wenn man Pilze kennenlernen will, ohne dabei gefährlichen Irrtümern zum Opfer zu fallen, gibt es nichts besseres als die Hilfe erfahrener Personen. In allen Gebieten gibt es Pilzberatungsstellen, die oft Ausstellungen, Exkursionen und Kurse veranstalten.

Sammelt nur die Pilze, bei denen ihr absolut sicher seid, und von diesen laßt auch die alten und diejenigen stehen, die beschädigt und deshalb nicht mehr gut zu sein scheinen. Wenn ihr auch nur den geringsten Zweifel habt, verzichtet auf den Pilz, um keine Vergiftung zu riskieren.

Betrachtet genau den Fuß jedes Pilzes, den ihr erntet, um sicher zu sein, ob er eine taschenartige Hülle, die Scheide, besitzt. Aber seid selbst dann noch mißtrauisch. Schnecken könnten diese Scheide eines tödlichen Knollenblätterpilzes abgefressen haben.

Manche eßbaren Pilze sind im rohen Zustand giftig. Das Gift, das sie enthalten, wird durch die Hitze zerstört. Laßt eure Pilze also richtig kochen. Und mäßigt euern Appetit, denn sie können zwar eßbar, aber schwer verdaulich sein.

Schnecken fressen auch giftige Pilze. Schließt daraus nicht etwa, daß sie auch für uns genießbar wären, seid immer vorsichtig!

Totentrompeten

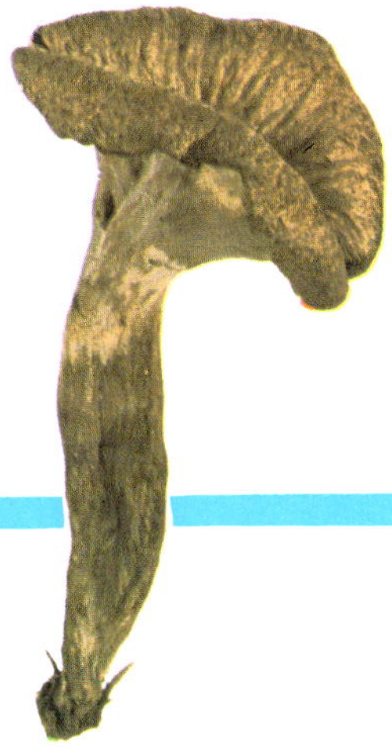

Semmel-Stoppelpilz

Speisemorchel

Stockschwämmchen, ein auf Baumstümpfen wachsender Pilz.

Und vergeßt schließlich nicht, daß alles, was auf den Feldern und in den Wäldern wächst, dem Eigentümer des Bodens gehört. Man braucht einen Sammelschein für Pilze und Wildfrüchte. Heute wird häufig darauf verzichtet. Die Gemeindebehörde wird einem gern Auskunft geben, ob man solche Genehmigungen noch braucht und wo man sie bekommt.

Eine einfache Konserve

Manche Arten lassen sich einfach konservieren, indem man sie trocknet. Das sind vor allem die Schwindlinge, besonders der Mousseron oder Knoblauch-Schwindling, die Totentrompeten, aber auch die Pfifferlinge oder Eierschwämme, die Speisemorcheln, die Reizker und die Steinpilze.

Zunächst schneidet man den unterirdischen Teil des Stieles ab und befreit den Pilz von Grasresten und welkem Laub. Sorgt dafür, daß sich keine Insekten, Schnecken oder Würmer darin verstecken. Alte Pilze, die schon weich sind, werft weg.

Achtet darauf, daß das Innere von Pfifferlingen und Korallenpilzen sauber ist, ebenso die Löcher der Morcheln. Ihr könnt sie mit einem Pinsel ausbürsten.

Große Pilze werden von oben nach unten in Scheiben von einigen Millimetern Dicke geschnitten.

Der zähe Stiel der Schwindlinge wird dicht am Hut abgeschnitten, nicht abgerissen, da sonst der Hut beschädigt würde.

Fädelt sie mit Hilfe einer dicken Nadel auf eine sehr feine Schnur. Hängt diese Pilzketten eine Woche lang in die Sonne und setzt den Trockenprozeß an einer trockenen überdachten Stelle fort. Wenn die Sonne nicht ausreichend gewirkt hat, könnt ihr die Ketten in einen schwach beheizten Backofen, die Tür halb offen, hängen. Aber beginnt niemals mit dem Ofen, sondern immer erst in der frischen Luft.

Bewahrt die getrockneten Pilze in dicht verschlossenen Kästen oder Gläsern auf und vergewissert euch von Zeit zu Zeit von ihrem Zustand. Wenn ihr sie essen wollt, legt ihr sie für die nötige Zeit in kaltes Wasser, bis sie genügend Feuchtigkeit aufgenommen haben, dann laßt ihr sie abtropfen und bereitet sie wie frische Pilze zu.

Für die Künstler …

WISST IHR, DASS . .

◆ man aus dem Bast (dem Teil des Zweiges zwischen Rinde und Holz) der Stechpalme Leim bereiten kann?
◆ Mistelzweige ebenfalls Leim liefern?
◆ ihr einen flüssigen Kleber erhaltet, wenn ihr die gummigen Ausscheidungen des Vogelkirschbaumes in warmem Wasser schmelzen laßt? Ihr setzt dann ein, zwei Tropfen Formaldehyd zu, um die Gärung zu verhindern.
◆ manche Robinien (Pseudo-Akazien) und die Schlehensträucher so lange Dornen (Stacheln) haben, daß sie als Party-Spießchen verwendet werden können; und daß die richtigen Party-Spießchen wiederum dazu dienen können, Muscheln und Schnecken aus ihrem Gehäuse herauszuziehen, wenn sie gekocht sind?
◆ die getrockneten Blätter der Walderdbeere und der Brombeere einen recht annehmbaren Tee ergeben?
◆ man bisweilen die ganz jungen Wedel des Wurmfarns an Stelle von Spargel ißt?
◆ die getrockneten Blüten und Blätter des Wohlriechenden Waldmeisters (S. 23) und des Echten Steinklees (Honigklee), in ein Säckchen gesteckt, die Wäsche in den Schränken auf lange Zeit parfümieren?

Vogelfedern werden gesammelt, sorgfältig abgewischt und dann konserviert, zuerst an der frischen Luft, dann in einer mit Talkumpuder eingestäubten Schachtel, um alle Parasiten zu beseitigen.

Kleine Zweige und Samen sind ein weiterer Vorrat. Getrocknete Blätter und Blüten befinden sich unter der Presse (S. 36).

Nun braucht ihr nicht mehr zu warten. Ihr könnt zu Klammer, Pinzette und Leim greifen und reizvolle Bilder machen. Der Wald bietet euch viele Möglichkeiten, die Phantasie arbeiten zu lassen.

Zugvögel und Jahresvögel

◀ ◀ Auch die Tiere sind vom herbstlichen Rhythmus geprägt. Bei den ersten Nebeln verspüren die Ringeltauben, die regelmäßigen Gäste von Wäldern und Forsten, selbst wenn sie nicht dort brüten, den Ruf zur Reise. Schwärme von Hunderten dieser Tauben, die aus Nord- und Osteuropa kommen, haben ihren Zug bereits begonnen. Unsere bleiben noch und fressen sich mit Bucheckern voll. Ein Teil bleibt den ganzen Winter da, andere ziehen mit den großen Schwärmen in den letzten Tagen davon: die Reise nach Spanien, Südfrankreich und Italien ist voller Hinterhaltc, die ihnen die Jäger stellen. Hinter den Pyrenäen und den Alpen haben sie sogar Vogelnetze zu erwarten.

Die in fast ganz Europa verbreitete Haubenmeise ist zwar meist Jahresvogel, treibt im Herbst aber häufig Landstreicherei und schließt sich im Winter mit andern Meisen zusammen. Sie scheint den Ruf nach der großen Reise nicht zu vernehmen.

Zahlreiche Zugvögel stürzen sich in das geheimnisvolle Abenteuer. Man nimmt an, daß das Kürzerwerden der Tage die Ursache für ihren Abflug ist. Lange vor Winterbeginn und zu einer Zeit, wo es noch reichlich Nahrung für sie gibt, rufen die Lichtverhältnisse Veränderungen in ihrem Organismus hervor. Der Pirol, der uns Ende August verläßt, kehrt im Frühjahr erst spät aus dem Herzen Afrikas zurück. Der Kuckuck hat es ebenfalls eilig, in die afrikanischen Wälder zu kommen. Und auch die Nachtigallen und die meisten Grasmücken zögern nicht mehr.

Die Abflüge finden in Staffeln statt. Mönchsgrasmücke, Misteldrossel ziehen beispielsweise erst bei Einsetzen des Frostes, wenn die Nahrung knapp wird, und kommen häufig genug nicht einmal bis zum Mittelmeer. Das gilt auch für manche Finken aus Skandinavien, Rußland, Mitteleuropa, die den Winter in Frankreich verbringen.

In West- und Mitteleuropa gibt es zahlreiche „Teilzieher", d. h. Vogelarten, bei denen nur Tiere aus bestimmten Gebieten wandern. Zu dieser Gruppe gehören beispielsweise die Rotkehlchen: wandernde Tiere dieser Art treffen September, Oktober bei uns ein und verlassen uns Ende Februar wieder, während unsere eigenen Rotkehlchen als Jahresvögel überhaupt nicht fortziehen. Wacholderdrosseln, die als winterliche Besucher kommen, stören unsere Singdrosseln nicht, die uns zum größten Teil treu bleiben. Es gibt immer wieder überraschende Beobachtungen. In den letzten Januartagen des Jahres 1976 erschienen kleine Trupps der sehr hübschen Rotdrosseln im Norden Frankreichs, wo man sie im Winter noch nie zuvor gesehen hatte. Wie alle ziehenden Drosseln reisen sie in der Nacht.

Die Erkenntnisse aus den von den Vogelwarten am Bein der Vögel angebrachten Ringen sind überaus wertvoll. Man hat dadurch feststellen können, daß zahlreiche Vögel, die man bisher als Jahresvögel betrachtet hatte, während des ganzen Herbstes in weiten Gebieten umherstreifen. Unter diesen Nomaden befinden sich auch der Gimpel, der Grünling (Grünfink), Gäste heller und buschiger Waldränder, die Rabenkrähe und die Haubenmeise aus den Nadelwäldern.

Unter den Jahresvögeln finden wir die Spechte, den Kleiber (S. 31), die Schwanzmeise und das winzige Wintergoldhähnchen, das manchmal im Winter Besuch von Sommergoldhähnchen aus dem Norden erhält.

Die Grünlinge oder Grünfinken aus Nord- und dem nördlichen Mitteleuropa überwintern gern in Italien, die meisten bleiben jedoch in Deutschland und Frankreich und fliegen oft mit den Sperlingen.

Die Goldhähnchen, die zu den kleinsten Vögeln Europas gehören (5–6 g), verlassen die Wälder nicht, in denen sie nisten. Gelegentlich erhalten sie dort Besuch von ihren Vettern aus dem Norden.

Der Gimpel ist ein anderer Teilzieher, der nur kurze Wanderungen macht, um Büsche und Sträucher benachbarter Gegenden kennenzulernen. Er nistet 1 bis 2 m über dem Boden.

Winterquartiere in Erde und Schlamm

Die Erdkröte bezieht im Oktober ihre Winterunterkunft, oft das Loch einer Waldmaus zwischen Baumwurzeln. Diese überall verbreitete Kröte ist grau bis bräunlich und hat einen besonders warzigen Körper. Man kann sie an einem Baumloch sehen, wie sie Raupen fängt. Manchmal frißt sie einen Regenwurm unter Zuhilfenahme der Vorderpfoten, wenn sie ihn nicht mit einem einzigen Bissen verschlingen kann.

Der Grasfrosch ist in feuchten Wäldern, auf der Laubschicht unter Buchen, gut vertreten. Gegen Mitte Juli haben sich Tausende von Jungfröschen aus den Teichen, den Torfstichen, den Tümpeln und Gräben über das Moos verbreitet und sind in die benachbarten Wälder eingedrungen. Diejenigen, die einen feuchten Winkel gefunden haben, sind der Austrocknung durch die Sommersonne entkommen und auch den Igeln, Iltissen, Dachsen und Nattern – natürlich auch den dikken Kröten, die imstande sind, die kleinen Frösche zu verschlucken. Nach vier Jahren werden sich diese kleinen Frösche ihrerseits vermehren.

Der Springfrosch mit dem schlanken Körper und den ungemein langen Hinterbeinen, die ihm Sprünge bis zu zwei Metern ermöglichem, überwintert wie der Grasfrosch im Schlamm.

Doch der hübscheste Froschlurch unserer Wälder, der dem Leben auf Bäumen am besten angepaßt ist, das ist der Laubfrosch, der selten größer als 4 bis 5 cm wird. Seine Farben sind zartgrün auf dem Rücken und perlgrau an den Flanken. Er verändert die Farbe je nach der Umgebung, was es ihm erleichtert, sich zu verstekken. Mit den Haftscheiben an den Zehen an Blätter festgeklammert, schnappt er Insekten und Spinnen, die an seinem Platz vorüberkommen. Gegen Ende September verläßt der Laubfrosch seinen Baum, um unter Wurzeln oder Steinen zu überwintern.

Und der Feuersalamander? Die Wälder bieten viel mehr von diesen Tieren Schutz und Obdach, als man wohl glaubt. In den Pyrenäen leben in manchen Wäldern bis zu 160 Stück auf einem Hektar. Ihre Streifzüge unternehmen sie vor allem in der Nacht.

In seinem schwarz-goldenen Prachtgewand lebt der Salamander am Fuß der Bäume oder in den verlassenen Erdbauten und Gängen kleiner Säugetiere. Er nimmt ein gut begrenztes Gebiet von etwa 60 m^2 in Anspruch.

Die Naturwissenschaftler haben uns vieles über diesen verkannten Waldbewohner gelehrt, beispielsweise daß die Salamander 20 Jahre leben können und manchmal weite Wanderungen unternehmen. Dabei suchen die Männchen ein Weibchen und die Weibchen ein Gewässer, um dort im April oder Mai die Eier abzulegen. Sie finden ausgezeichnet zu ihrem Wohngebiet zurück. Wie orientieren sie sich? Das Rätsel muß noch gelöst werden ...

Die Erdkröte kommt erst bei Frühlingsanfang aus ihrem Loch hervor, gerade dann, wenn sie sich im Wasser fortpflanzen muß. Sie ist ungemein nützlich und in vielen Ländern geschützt.

Der Grasfrosch kann 10 cm lang werden. Die Kaulquappen überwintern bisweilen im Wasser, so daß ihre Metamorphose erst im folgenden Frühjahr beendet wird.

Das Männchen des Laubfrosches besitzt eine kehlständige Schallblase, die ihm einen recht lauten Gesang ermöglicht. Der Laubfrosch ist unter unsern heimischen Froschlurchen das einzige baumbewohnende Tier. Er steigt über Nacht ins Wasser und kehrt morgens auf die Zweige zurück.

Wenig bekannt, wenig geliebt, die Reptilien

In die felsigen und trockneren Teile der Laubwälder und an ihre Ränder ziehen sich bisweilen Schlangen zurück, die genau genommen nicht dort leben. Sie suchen nur im Herbst ein Loch unter Wurzeln oder Steinen, um ihr Winterquartier vorzubereiten. Der Körper der Reptilien nimmt die Temperatur der Umgebung an; er leidet also nicht unter Kälte, und das ist die beste Verteidigung. Die Tätigkeit der Nerven und Muskeln hängt von der Außentemperatur ab – wie weit das geht, ist bei den einzelnen Arten verschieden. Kälte verlangsamt die Bewegungen der Reptilien und beendet sie ganz, wenn sich die Temperatur 0° C nähert. Ottern und Nattern überwintern also, oft in Gruppen, unter Wurzeln und Steinen.

Die Ottern (oder Vipern) sind nicht häufig, wenn sie auch vormittags in der herbstlichen Sonne noch Mäuse, Wühlmäuse und Eidechsen jagen, ehe sie mit dem winterlichen Fasten beginnen. Mit gutem Schuhwerk und einem Stock, mit dem man auf die Büsche schlägt, braucht man keine Furcht vor ihnen zu haben.

Die unschädlichen Nattern, die sogar sehr nützlich sind, weil sie große Mengen von Nagetieren vernichten, sind geschützt.

Man könnte glauben, eine Aspisviper auf einer besonnten Lichtung, mit Gebüsch und Heidekraut bewachsen oder auf einem Weg am Waldrand vor sich zu haben, während es sich in Wirklichkeit um eine harmlose Natter, die Glattnatter, handelt. Die häufig ähnliche Färbung der beiden Tiere erklärt den Irrtum. Wenn ihr Lärm macht, zieht sich die Schlange mit ziemlich langsamen und unbeholfenen Bewegungen zurück. Diese Glattnatter, die nicht über 60 cm lang wird, ist mit völlig glatten Schuppen bedeckt, woher sie auch ihren Namen hat. Im Oktober sucht sie sich ein Versteck für ihren langen Schlaf. Wie alle europäischen Schlangen häutet sie sich am Ende dieses Winterschlafs im April, und darauf jeden Monat bis zum Winterschlaf im folgenden Herbst. Das bevorzugte Biotop der Glattnatter sind sonnige Heideflächen, trockene Waldlichtungen, steinige Halden und Wegböschungen.

Eine vor allem südliche Länder bewohnende Schlange ist die Äskulapnatter, die jedoch auch einige Gegenden in Deutschland zwischen dem Taunus und Passau bewohnt. Das gelbgraue bis olivbraune Tier, gelb hinter dem Kopf, erreicht bei uns Längen von 1,5 m, in südlicheren Ländern bis zu 2 m. Es klettert auf Bäume, nährt sich jedoch überwiegend von Mäusen, nur in der Jugend frißt es auch Eidechsen. Das nicht sehr dehnbare Maul erlaubt der Äskulapnatter nicht, große Beutetiere zu verschlingen. Sie tötet meist durch Umschlingen der Beute, benutzt jedoch stets auch die Zähne, und zwar auch wenn sie sich bedroht fühlt. Im Juni, Juli legt sie – oft in hohlen Bäumen – höchstens 20, oft nur 7 bis 8 Eier von länglicher Form. Die Jungen, die im September schlüpfen, messen dann bereits 18 bis 20 cm. Wenig später beginnt bereits der Winterschlaf.

Wir sind auf ein welkes Blatt getreten, und wie der Blitz ist eine große grüne Eidechse in ihrem Loch unter einer kräftigen Hecke am Waldrand verschwunden. Es hat wenig Sinn, zu versuchen, diesen hurtigen Fresser von Heuschrecken, großen Insekten, Schnecken und Würmern zu fangen, der bei drohender Gefahr auch hoch in einen Baum klettern kann. Übrigens ist der Bau, den sich diese Smaragdeidechse in der Erde eingerichtet hat, vielleicht einen Meter tief. Hier überwintert sie von Ende Oktober bis Anfang April. Sie wird schnell zahm, doch laßt ihr die Freiheit. Überdies ist sie geschützt.

Fast überall bei uns findet ihr dagegen drei andere Arten: die Zaun-, die Mauer- und die lebendgebärende Wald- oder Bergeidechse. Alle drei Arten stehen ebenfalls unter Naturschutz. Ihr seht sie auf Waldlichtungen, an Böschungen und am Rand von Wald- und Wiesenwegen. In den ersten Oktobertagen ziehen sie sich in ihre Winterquartiere zurück. Zu Allerheiligen, Anfang November, schlafen sie bereits fest in irgendeinem Loch, das ein Nagetier verlassen hat.

Die Zauneidechse läßt sich leicht fangen und wird rasch zahm, doch versucht es nicht. Sie muß in der Erde überwintern, und da sie in Gefangenschaft nicht die notwendigen Bedingungen für den Winterschlaf findet, stirbt sie meist während dieser Zeit.

Schlaf der einen . . .

Ruhepause: Winterschlaf eines jungen Igels.

Während die Raubvögel weiter auf Mäusejagd gehen, fressen sich Säugetiere für den Winterschlaf fett. Es gibt viele, die nun erstarren. Siebenschläfer und Haselmaus beeilen sich, die letzten Vorräte in ihrem Winternest anzuhäufen. Ihr Schlaf beginnt manchmal schon im Oktober. Ihre Nahrung ähnelt der des Eichhörnchens, reich an Beeren und andern Früchten. Von Zeit zu Zeit wachen sie auf und knabbern an ihren Vorräten.

Die Igel und Fledermäuse schlafen Ende des Herbstes ein, während der Dachs seine Tätigkeiten unmerklich verlangsamt. Die Waldmaus und die Feldmaus fressen sich voll; sie verzehren sogar wahllos Pilze, denn selbst die schrecklichen Knollenblätterpilze können ihnen nichts anhaben. Laub- und Nadelhochwälder beherbergen im allgemeinen nur Mäuse: die Kleine Waldmaus am Waldrand unter den Büschen und die Halsbandmaus im Unterholz, wo ihr Bau mit der senkrechten Öffnung häufig am Fuß eines Baumes oder unter einem Reisighaufen liegt.

Liebe der andern . . .

Den Hirsch werden wir im Herbstwald selten sehen, aber vielleicht einmal hören können.

Bei gutem trockenem Wetter, in der schon kalten Morgendämmerung des Monats September „röhren" die Hirsche, und der ganze Wald hallt wider von diesem tiefen Brüllen, das bis zu 3 km weit trägt. Sie richten ihren Ruf an die Kühe und fordern die andern Hirsche zum Kampf heraus. Die Kühe wenden sich den stärksten zu, und deshalb treten die großen Männchen mit dem mächtigen Geweih in erbitterten Kämpfen gegeneinander an.

Der Hirsch wählt sich seinen eigenen Brunftplatz und markiert ihn, indem er mit seinem Geweih auf eine junge Eiche oder Birke losdrischt und den Boden aufscharrt, wo er sich postieren will. Die Kämpfe spielen sich stets an der gleichen Stelle ab.

Wenn der Sieg errungen ist, flieht der Besiegte, für ein ganzes Jahr zum Junggesellendasein verurteilt. Die heftigsten Kämpfe ereignen sich, wenn der Hirsch, der sein Rudel bereits gebildet hat, einem einzelnen Männchen begegnet.

Vielleicht habt ihr die Möglichkeit, mit einem Förster oder einem anderen Fachmann bei einer Lehrwanderung einen solchen Kampf zu beobachten: das sind Bilder, die ein Leben lang im Gedächtnis bleiben.

Die Liebeszeit der Hirsche dauert lange: bis zu den kalten Nebeln um die Oktobermitte. Dann schweigt im Wald eine Stimme nach der andern.

Ein Kampf zwischen Hirschen ist selten zu sehen, aber man kann das Röhren hören, den Brunftschrei des männlichen Hirsches. Die Hirschkühe hier scheinen sich nicht sehr darüber zu erregen.

Spinnerinnen und Jägerinnen

Die im Sommer beobachteten Insekten haben für Nachkommen gesorgt oder ein verlangsamtes, unbewegliches Leben bis zum Frühling begonnen. In der Erde und in den Gängen, in dem Baumstämmen und -stümpfen gibt es zahllose Larven. Wenn wir unterwegs sind, um Früchte, Blätter und Zweige zu sammeln, können wir zu Beginn des Herbstes einmal bei den Spinnen stehenbleiben, die sich überall im Walde finden.

Die Wespen- oder Zebraspinne ist auffallend bunt gefärbt; sie gehört zu den größten Radnetzspinnen Europas und baut ein bewundernswertes Nest für ihre Eier und die Zukunft ihrer Jungen.

Die äußere Hülle hat die Form einer runden Vase mit geradem Hals. Dieser Hals ist mit einem Deckel verschlossen, der sich erst im Frühjahr unter dem Druck der jungen Spinnen öffnen wird. Die Hülle ist aus einer Seide gesponnen, deren haftende Fäden ziemlich rasch zu einem festen und undurchdringlichen Stoff erstarren. Das Nest wird in einem Geflecht von gekreuzten Fäden zwischen dem Reisig und den Pflanzen des Unterholzes aufgehängt. Die blonde Seide der Hülle ist oben von braunen Linien gestreift, die den Schatten nachahmen, wie er von den Pflanzen geworfen wird. So finden Räuber das Nest nicht so leicht.

Eine angegriffene Spinne kämpft auf verschiedene Weise: Sie gibt das Bein auf, an dem sie vom Angreifer gepackt wird, und versucht, diesen in ihren Fäden zu fangen. Manchmal versucht sie auch, ihn durch ihre Laute einzuschüchtern. Das tut vor allem die Wolfsspinne, die auf den Boden, auf trockene Blätter trommelt, wozu sie den Hinterleib oder die Beine benutzt. Diese umherstreifende Räuberin, ziemlich verbreitet in den Wäldern, verfolgt ihre Beute im Lauf – auf offenen Stellen, die dennoch reiche Vegetation aufweisen. Sie webt einen sehr großen Eiersack, den sie zwischen den Giftzangen trägt. Vor dem Schlüpfen der Eier webt sie zwischen Pflanzen in einer bestimmten Höhe eine Art Glocke von 4 bis 5 cm Höhe, in der sie den Eiersack unterbringt und ständig von außen bewacht. Wenn die jungen Spinnen ausschlüpfen, spinnt sie um das Nest einen Schleier, der die Jungen in einem „Kinderzimmer" einschließt. Denn die Jungen müssen noch gewisse Stadien durchlaufen, um sich ohne Hilfe der Mutter fortbewegen und ernähren zu können. Nach 8 bis 10 Tagen werden sie unabhängig und gehen ihre eigenen Wege.

Wie Chamäleon oder Laubfrosch kann auch die Krabbenspinne *Thomisius* die Färbung ihrer Haut verändern, um sich allmählich verschiedenen Umgebungen anzupassen. Die Spinne nimmt also die Farbe der Blüte an, wo sie auf der Lauer liegt. Aber sie braucht 2 bis 3 Tage, bevor die Anpassung vollendet ist.

Um ihren Eiersack in der Falte eines welken Blattes zu verstecken, das sie mit Fäden der von ihr ausgeschiedenen Seide zusammenklappt, nimmt die Krabbenspinne die Farbe des Blattes an. Die Vorderbeine in Verteidigungsstellung vorgestreckt, bleibt sie manchmal wochenlang liegen, um über die Eier zu wachen. Ihre Tarnung erlaubt es ihr, unbemerkt in dieser Stellung zu ruhen, die sie dann bis zum Tode beibehält, der nach dem Schlüpfen der Jungen eintritt. Ein wunderbares Verhalten, um das Leben der Art zu sichern!

Schutz

Ende September und im Oktober fliegen die Nachtraubvögel, die in diesem Jahr geschlüpft sind, entlang den bewaldeten Straßen. Die Zwergohreulen, die sich auf den Zug vorbereiten, bald darauf die jungen Waldkäuze und vor allem die jungen Steinkäuze verletzen sich manchmal an den Windschutzscheiben der Autos.

Wenn der Vogel lediglich von dem Anprall erschüttert ist, dann nehmt ihn bei euch auf. Füttert ihn mit feingehacktem Ochsenherzen, gemischt mit einigen ganz dünnen Zweigen oder feinen Federn, damit er sein Gewölle bilden kann (S. 52). Wasser ist Nebensache.

Wenn sich der Vogel rasch erholt, laßt ihn am Rand eines Waldes frei. Wenn die Genesung länger auf sich warten läßt, ist es besser, ihn bis zum Frühling bei gleicher Verpflegung zu behalten und ihm dann erst die Freiheit wiederzugeben.

Vorrat von Unkräutern

Mögen Waldrebe und Dorngestrüpp auch schädlich für die Bäume sein, euch können sie kostenlos Material für rustikale Korbflechtarbeiten liefern (S. 94).

Ernte und Aufbewahrung
Ihr könnt sie in jeder beliebigen Jahreszeit schneiden und aufbewahren. Dabei tut ihr gleichzeitig ein nützliches Werk, indem ihr Lichtungen und Unterholz von diesen würgenden Pflanzen befreit.

Nehmt eine Baum- oder Gartenschere, ein Messer und, wenn möglich, alte Handschuhe mit. Sucht in dem Gewirr der Waldrebe einen Zweig mittlerer Dicke und zieht ihn vor, ohne zu reißen und so weit wie möglich. Es werden Massen kommen, weil die Knoten des Zweiges, an dem ihr zieht, andere Zweige in Bewegung bringen. Schneidet die Zweige so tief wie möglich ab, dann trennt sie nach und nach voneinander. So ein Zweig kann bis 3 m lang sein.

Bereitet sie an Ort und Stelle vor, damit ihr nicht die Blätter, die Seitenzweige und die unnützen Ranken mitschleppen müßt. Nehmt die dicken Enden von 8 bis 10 Zweigen in die linke Hand und wickelt sie so, daß ihr einen kleinen Reifen von 30 bis 40 cm Durchmesser bekommt. Macht euch beim Aufrollen keine Sorgen, wenn ihr leise krachende Geräusche hört: es ist die Rinde, die weniger elastisch ist und deshalb an manchen Stellen reißt, während das Holz darunter widerstandsfähig ist.

Wickelt die dünnen Enden der Zweige um den Ring, ohne sie zu zerbrechen. Die so erhaltenen Kränze tragt ihr, über den Arm gehängt.

Lange Brombeerranken mittlerer Dicke sind ebenfalls verwendbar. Hier interessiert uns die Rinde von einem schönen Grün, die besonders widerstandsfähig ist. Außerdem haben diese Zweige keine Knoten. Zieht Handschuhe an, wenn ihr sie sammelt oder gebt gut auf die Dornen acht. Teilt die langen Ranken mit der Schere. Schabt sie mit dem Messer – in der Richtung des Wachsens –, um die Dornen zu entfernen oder wenigstens die Spitzen abzuschneiden. Wenn es Mühe macht, sie zu einem Ring zu rollen, dann zieht sie hinter euch her.

Bewahrt eure Kränze oder eure Ranken in einem ziemlich kühlen Raum oder in einer Balkonecke auf. Sie können Regen aushalten. Vor Gebrauch müßt ihr sie ohnehin mehrere Stunden weichen, damit sie ihre Geschmeidigkeit wiedererlangen.

Wenn ihr freie Zeit habt, bereitet ihr die Zweige vor. Ihr braucht sie in verschiedener Dicke, sortiert sie also entsprechend. Die Knoten müßt ihr dünn schneiden, damit sie bei der Arbeit nicht als Hindernisse wirken, aber paßt auf! Die Zweige brechen oft gerade an diesen Knoten.

Eines schönen Tages bleibt der Schnee auf den Zweigen liegen, und die hängenden Kätzchen der Bäume entgehen nur zur Hälfte seiner rieselnden Umarmung.

Die Waldschnepfen und bestimmte Drosseln sind im November abgeflogen, und, belebt von den schwarzen Schwärmen der Krähen, ist der letzte Monat des Jahres mit seiner blassen Sonne, seinen langen Nächten gekommen, wo die harten Fröste beginnen und Schneeflocken auf Zweige und Unterholz fallen. Doch nichts davon bleibt lange bestehen. Die Waldungen der Ebene wirken, grau unter dem Nebel oder von matter Sonne erhellt, ohne das Rauschen ihres Laubes wie leblos... Dennoch ist immer noch Leben da.

Zweifellos besser als andere die Erde bewohnenden Wesen sind die Pflanzen dafür geschaffen, den Winter gut zu überstehen. Bäume und Sträucher bewahren das Wesentliche ihrer Teile über der Erde. Die Knospen, die im Frühjahr belaubte Zweige bringen, sind bereits gegen Ende des Sommers gebildet worden und werden die schlechte Jahreszeit, gut geschützt durch ihren Schuppenpanzer, überstehen.

Der Winter

Die endständigen Knospen verlängern die Zweige; die andern, an den Seiten stehenden, sind die achselständigen Knospen. An ihrer Basis erkennt man eine Narbe: die hat das Blatt hinterlassen, das sich bei Winterbeginn hier ablöste.

Betrachten wir einmal die Knospen der Eiche. Rundlich, in Gruppen am Ende des Zweiges, wie man es auf dem nebenstehenden Foto sieht, sind sie mit ihren braunen, kurzen und breiten Schuppen, die in fünf Reihen angeordnet sind, kennzeichnend für die Art. Offensichtlich ähneln sich alle Eichenknospen auf allen Zweigen, doch tatsächlich produzieren die achselständigen Knospen, wenn sie sich im Frühjahr öffnen, nur männliche Blütenstände (Kätzchen). Aus der oberen Knospe geht ein Blättertrieb hervor, der beide Blütenarten bekommt: an seiner Basis werden männliche Kätzchen hängen, während sich an seinem Außenende eine kleine Gruppe weiblicher Blüten von ganz unbedeutendem Aussehen über die Blätter erheben wird.

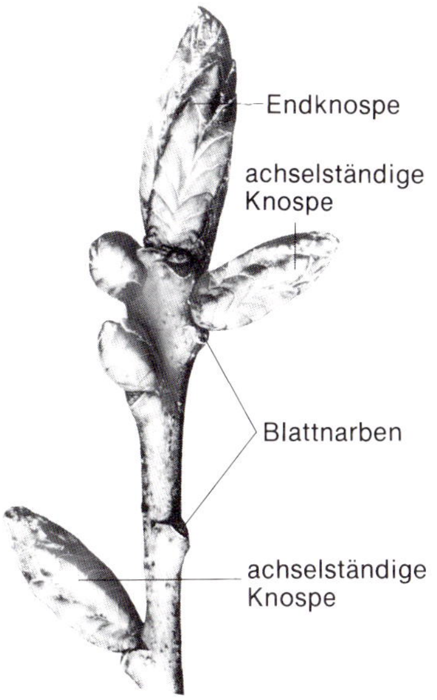

Das Überwintern bei Bäumen und Sträuchern

Bei Spaziergängen im Winter sehen wir Bäume – vor allem Eichen und Buchen –, die welke Blätter an den Zweigen tragen. Das sind Blätter, die am Zweig welken, ohne abzufallen. Sie fallen erst beim Ausschlagen der Blattknospen.

Bei der Rotbuche geben diese Blätter schädliche Stoffe ab, die, wenn sie vom Regen in den Boden gespült werden, das Keimen anderer Pflanzenarten hemmen. So versteht man, weshalb die Zahl und die Vielfalt der Pflanzen in unmittelbarer Nachbarschaft der Buchen so gering sind. Das gehört zum Spiel der Natur im Wald, wo so viele Kräfte aufeinander einwirken, um ein gewisses Gleichgewicht zu erreichen – eine wilde Vegetation, wimmelnd von schädlichen Insekten und Larven, brächte viele Nachteile. Die Forstwirte, deren Aufgabe es ist, den Wald zu pflegen und wirtschaftlich zu nutzen, berücksichtigen das natürliche Gleichgewicht, wenn sie die einzelnen Arten verteilen.

Die Nadelbäume und die Immergrünen Eichen ruhen im Winter nicht, verlangsamen jedoch ihren Lebensrhythmus, und die ausdauernden Blätter der Immergrünen Eichen beziehen sich mit einer feinen Schicht schützender Zellen.

Im immergrünen Laub dieser Bäume, vor allem in den großen Koniferen, finden auch jetzt noch zahlreiche Vögel Obdach.

Gegen Frost, der sich in ihre Gewebe hineinfrißt, sind die Bäume je nach ihrer Art mehr oder weniger

Knospen der Eiche.

Die korallenroten Früchte der Stechpalme (Ilex) *sind nicht eßbar. Jede enthält 4 bis 5 Samenkörner im Innern der Nuß. Alte Ilex-Pflanzen sind weniger stachlig als die jungen. Ihre Blätter sind weniger dicht gezähnt.*

empfindlich, während die Kleinsträucher wie Heidekraut oder Blau- und Preiselbeere, sogar so zerbrechliche wie das Immergrün, widerstandsfähiger sind. Das liegt auch daran, daß ihre Knospen, weil die Pflanzen nur 20 bis 25 cm hoch sind, unter dem pflanzlichen Abfall oder dem Schnee liegen und dadurch besonders geschützt sind.

Die unveränderliche Stechpalme ist im feuchten Unterholz der gemäßigten Zone überall zur Stelle. Manche Mitglieder von Pflanzenfamilien, die man heute in warmen Gebieten findet, sind trotz des Kälterwerdens in den Gebieten geblieben, die das heutige Europa bilden. Die Stechpalme gehört dazu. Sie wirkt bei uns wie ein Fremdling mit ihren ausdauernden, zähen Blättern mit kurzem Stiel und dornig gezähntem Rand, wie es für Pflanzen heißer Länder kennzeichnend ist.

Eine Stechpalme kann eine Höhe von 15 m erreichen. Sie ist zählebig und wird kaum von Parasiten angegriffen. Aber die roten Früchte sind der Grund dafür, daß sie oft ihrer schönen Zweige beraubt wird, die man vor Weihnachten in den Städten verkauft.

Vom Herbst an sieht man diese entzückende wilde Orchidee des Sommers nicht mehr. Ihre Blüten haben die Form einer Fliege. Doch wenn sie auch nicht sichtbar ist, sie lebt im Boden in ihrer Knolle fort. Es ist eine ausdauernde Pflanze.

Flach auf dem Boden und darunter

Flach auf dem Boden, auf den Waldwegen schützen Löwenzahn, Wegerich und Erdbeere – die immer einen Teil ihres Stiels tief in der Erde haben – ihre Endknospe in einer Blattrosette vor dem Frost. Wir können leicht feststellen, daß der Löwenzahn das ganze Jahr hindurch Blätter bewahrt.

Und wenn ihr dort, wo ihr Maiglöckchen, Salomonsiegel oder Taubnessel habt blühen sehen, ein paar Zentimeter tief grabt, findet ihr deren Rhizom. Dieser vesteckte „Stamm" wächst waagerecht unter der Erde; der vordere Teil verlängert sich regelmäßig, und aus einer Knospe entspringt der oberirdische Stiel, während sich der hintere Teil des Rhizoms zersetzt.

So bleiben viele Pflanzen, die von der Oberfläche verschwunden sind, im Schoß der Erde am Leben. Die Träubelhyazinthen haben ihre Zwiebeln, die Orchideen ihre Wurzelknollen. Das Leben ist unsichtbar, doch immer und überall vorhanden. Es wartet ebenso in den Samenkörnern der einjährigen Pflanzen, die im April oder Mai im Boden keimen.

Mit der Mistel ins neue Jahr

Blaumeise

Die Mistel hat für uns nicht mehr die Bedeutung, die ihr die Druiden, die keltischen Priester alter Zeiten, verliehen. Doch die Pflanze gilt immer noch als Ausdruck des Glückwunsches, und sie ist keineswegs langweilig geworden, obwohl sie in vielen Teilen unseres Landes häufig ist. Man findet sie auf der Linde, der Tanne, der Weide, der Espe, selten auf der Eiche, doch oft auf dem Apfelbaum, der Schwarzpappel und der Eberesche.

Wenn ihr die Mistelzweige auf dem Tisch ausbreitet, bemerkt ihr, daß die Beeren häufig in Dreiergruppen angeordnet sind. Das war die Zahl der weiblichen Blüten. Eine dreifache Blütenknospe beendete den Zweig; doch aus den Achseln der Zweige drangen auch andere Blütengruppen, denn die Mistel trägt männliche Blüten auf derselben Pflanze. Sie bilden sich vom Sommer an und öffnen sich im folgenden Frühjahr. Insekten und Wind besorgen die Bestäubung.

Nach der Befruchtung entwickeln sich die weiblichen Blüten und bringen Beeren von glasigem Weiß hervor. Die männlichen Blüten, deren Staubblätter den Pollen gegeben haben, gehen ein.

Die im Dezember reife Frucht bleibt den Winter über an der Pflanze und fällt erst im April. Wenn ihr sie in zwei Teile schneidet, entdeckt ihr in klebrigem Schleim ein Samenkorn von grüner Farbe. Dieser spezielle Leim nennt sich Viscin. Das Eigenschaftswort „viskös" kommt übrigens vom lateinischen Namen der Mistel: *Viscum album* (*viscum* bedeutet auch: Vogelleim und *albus:* weiß).

Die Misteldrosseln sind gierig nach Mistelbeeren und scheiden die in den Früchten enthaltenen Samenkörner unbeschädigt wieder aus. Mehr noch, am Ausgang des Verdauungskanals der Drossel wird das Samenkorn völlig mit einem Schleim imprägniert, der es ermöglicht, daß der Samen auf dem Zweig haften bleibt, auf den er gefallen ist. Er bringt sofort einen Keim hervor, der Klebstoff absondert und sich dadurch noch besser auf der Unterlage hält. Dann flacht sich dieses Organ ab und bildet eine Haftscheibe. Langsam schiebt sich eine Wurzel hervor und entwickelt eine Saugwarze, die durch die Rinde und allmählich bis zum Holz vordringt.

Unter der Rinde erstrecken sich grüne Stränge mit sekundären Saugwarzen, immer in der Form spitzer Keile, aber abnehmender Größe. Auf diesen Strängen lassen Knospen neue Mistelpflanzen entstehen, jedoch kleiner als die erste. Insgesamt bilden sie diese Pflanzenbüschel, die den Wirtsbaum schwächen. Die Mistel ist so gefräßig, daß sie manchmal sogar auf der eigenen Art schmarotzt.

Mit Hilfe seiner Saugwarzen schöpft der Parasit aus dem Saft der Bäume Wasser und die Mineralsalze, deren er bedarf. Die Bäume wachsen deshalb weniger schnell und sind anfälliger für Krankheiten. Sie tragen auch weniger Früchte. Wenn man auf einem Apfelbaum den ersten Befall durch den Schmarotzer entdeckt, ist es am besten, den Ast abzusägen und zu verbrennen. Aber was tut man im Wald? Man kann sich wenigstens darüber freuen, wie die Blaumeisen den Bäumen zu Hilfe kommen. Die kleinen Akrobaten suchen auf den Zweigen nach den von andern Vögeln ausgeschiedenen Mistelkernen und zerstückeln sie, ein neues Beispiel für die vielfältigen Beziehungen, die im Wald zu einem Gleichgewicht führen.

Hier sieht man unter der Rinde das Fortschreiten der grünen Stränge der Mistel, deren Knospen neue parasitäre Pflanzen bringen. Drei Unterarten der Mistel leben auf Kosten von etwa fünfzig Bäumen und Sträuchern. Die eine wählt Laubbäume, vor allem Pappeln, die zweite bevorzugt Föhren, die dritte Weißtannen.

WÜRGER DER BÄUME

Bei einer winterlichen Wanderung im Wald gilt unsere Aufmerksamkeit besonders dem Efeu. Sein ausdauerndes Grün ist dekorativ. Seinetwegen ist er im griechischen Altertum zum Symbol der Jugend geworden, mit dem man Bacchus, den Gott des Weines, schmückte. Überdies wirkt er recht originell in seiner bäuerlichen Derbheit, wie er auf dem Boden kriecht oder sich fest an eine Stütze klammert, die sich ihm bietet. Dann wird er zu einem gewundenen Strauch mit sehr hartem Holz, dem des Buchsbaums zu vergleichen. Es lohnt schon die Mühe, sich mit ihm zu beschäftigen.

Sofort fallen seine merkwürdigen Blätter auf. Die an den gewöhnlichen, kriechenden oder kletternden Zweigen wachsenden Blätter weisen 3 oder 5 Lappen auf. Die Zweige, die diese Blätter tragen, sind steril. Die Blätter der aufgerichteten Zweige, die Blüten und Früchte bringen, sind ganzrandig, eiförmig-zugespitzt. Das Gewirr der kletternden Zweige mit ihren Blättern bietet den Vögeln oft ein gutes Obdach.

Die Efeufrucht entwickelt sich während des ganzen Winters, von November bis März, und erinnert ein wenig an die von Weißdorn oder Vogelbeere, was die Form betrifft. Die fleischige, innen graue Beere ist zunächst grün, dann schwarz und enthält im allgemeinen 5 dicke hornige Kerne. Versucht diese Kerne nicht zu essen, sie führen beim Menschen ab und rufen leicht Erbrechen hervor. Laßt sie den Vögeln, die zufrieden sind, wenn sie sie gleich zu Anfang des Frühjahrs reif finden.

Der Strauch ist also recht erfreulich, vor allem auch für die Bienen, denn seine kleinen Blüten in halbkugeligen Dolden, die sich von September bis November öffnen, sind besonders reich an Nektar und werden von den Bienen besucht.

Wie kann dieser Efeu nun zum Würger der Bäume werden? Es liegt in seiner Natur, sich immer höher dem Licht entgegenzurekken. Der lange kriechende Stiel zeigt stellenweise keine Blätter mehr, sondern nur noch Schuppen. Diese seltsamen Zweigenden werden länger, verzweigen sich weiter und bekommen Saughaare: das sind Luftwurzeln, zum Klettern geeignet, Haftwurzeln. Diese jungen Haftwurzeln pressen ihre Fläche auf die Wandung der Stütze, passen sich den geringsten Unebenheiten an und heften sich fest.

Je mehr Licht der Efeu erhält, desto energischer wird er. Auf dem Wipfel einer mächtigen Esche oder Eiche breitet der Efeu seine Zweige mit den Haftwurzeln und den Blättern aus. Und der ihn stützende Baum erhält unter dieser Kuppel immer weniger Sonnenlicht. Seine eigenen Blätter können ihre unerläßliche chlorophyllbildende Funktion nicht mehr ausüben. Der Baum leidet in seiner Entwicklung, denn der Efeu erstickt ihn. Und wenn der Mensch nicht eingreift, arbeitet die Zeit zugunsten des Würgers: eine Efeupflanze kann 400 Jahre alt werden!

Vielleicht habt ihr im Wald schon große Bäume gesehen, die eine starke Verdickung in Form eines Ringes aufweisen, der mindestens 3 m hoch den Stamm umgreift. Forstleute nennen diese Verdickung „Eichenschmer", weil die Eiche diesen überaus harten Wulst am häufigsten trägt. Dieser Wulst ist das Ergebnis der Umklammerung eines Geißblatts.

Dieser kletternde Strauch mit duftenden Blüten ist allgemein bekannt. Auch er sucht das Licht. Der Stamm des Geißblatts windet sich, stets linksdrehend, um einen jungen Stamm und zieht sich von Windung zu Windung immer höher. Wenn er einen guten sonnigen Platz, etwa 2 bis 3 m über seiner Stütze erreicht hat, wickelt sich dieser Geißblattstamm immer enger um die Äste. Da das Geißblatt nicht in der Lage zu sein scheint, Stämme von mehr als 15 cm Durchmesser zu erklettern, sind junge Bäume seine Opfer.

Der Stamm des Geißblatts drückt den jungen Stamm bei seinen Windungen so sehr, daß er ihn erwürgt. Das lebende Gewebe des Baumes reagiert: Über und unter der Windung bildet sich ein spiralförmiger Wulst, der den aufwärtskletternden Geißblattstamm bisweilen völlig überwuchert.

Der Baum wächst zwar weiter, doch weit weniger rasch und harmonisch, und die ihm so zugefügten Verletzungen wirken sich ungünstig auf Form und Qualität des Stammes aus.

Ein anderer Würger junger Bäume ist die Waldrebe, der man an den Rändern feuchter Wälder so häufig begegnet. Sie klammert sich überall mit ihren Ranken an, und ihre langen Zweige – wie die von Brombeeren – schlagen Wurzeln, wo sie den Erdboden berühren. So entsteht ein unentwirrbarer Pflanzenverhau, der die bedeckten Sträucher erstickt.

Efeu, Geißblatt und Waldrebe sind also einerseits nützlich und anderseits schädlich. Ihr seht, wie schwer es ist, ein Lebewesen, ob Tier oder Pflanze, das sein Leben in der freien Natur führt, eindeutig als nützlich oder schädlich einzuordnen.

Die Moose

Die Moose sind seltsame Pflanzen. Ohne Gefäße, die für eine Zirkulation der Säfte sorgen, ohne Wurzeln, ohne Blüten und Früchte – wie leben sie überhaupt? Wenn ihr einen Moostuff anhebt, wirkt er wie ein Kissen, das man auf eine Humusschicht gelegt hat, wo es mit sehr feinen Saughaaren befestigt ist. Diese Haare saugen das Wasser aus dem Boden, das in der Pflanze von Zelle zu Zelle aufsteigt. Wußtet ihr, daß 100 g getrocknetes Moos bis zu zweieinhalb Liter Wasser absorbieren können, das sie danach langsam wieder abgeben? Für Regulierung und Zurückhaltung des Regenwassers ist das von Bedeutung. Trockenheit verlangsamt das Leben des Mooses; es wirkt dann wie tot; sobald es regnet, nimmt es das Leben wieder auf und grünt neu.

Das Moos produziert einerseits weibliche, andererseits männliche Zellen, die, wenn sie die weiblichen Zellen durch Schwimmen in Regentropfen erreichen können, Ovula mit ihnen bilden. Diese Ovula bringen Organe hervor, die Sporen bilden. Diese wiederum keimen, wenn sie auf feuchten Boden fallen, woraus ein Prothallium entsteht, das wieder grüne Zweige produziert. Durch diesen verwikkelten Gang vermehren sich die Moose massenhaft und bilden den ausdauernden Schmuck des Waldbodens.

Hypnum triquetrum, *das Dreiseitige Astmoos, bildet dichte Kissen in diesem schattigen und sehr feuchten Wald. Der meist kriechende Stengel ist unregelmäßig verzweigt.*

Funaria hygrometrica, *das Dreh- oder Wettermoos, zeigt seine Vorliebe für Stellen, an denen man Reisig verbrannt hat und wo sich noch Holzkohlenstücke befinden. Die kleinen Sporensäcke sind abwärts geneigt. Der Stiel, der sie trägt, gelb und rot gefärbt, ist stark gekrümmt und verdreht.*

Polytricum commune, *das Gemeine Haarmützenmoos, hier im Winter. Seine einfachen und aufgerichteten, bis 40 cm hohen Stengel haben bereits die Kapsel (Haube) verloren, die in der schönen Jahreszeit die endständige Anschwellung des langen rotbraunen Stieles bedeckt. Die gezähnten Blättchen des Haarmützenmooses schließen sich bei Trockenheit eng zusammen, so daß sie den Stengel bedecken, und spreizen sich in feuchten Zeiten wieder ab.*

Säugetiere überstehen den Winter

Der Schnee ist gekommen. Die Äste, die Zweige biegen sich unter der Last, und wenn sich schließlich nach einem ganzen Tag schweigenden Flockenfalls der Himmel gegen Abend aufklärt, bleibt für lange Zeit eine blasse Helligkeit im Wald hängen und zeigt das Gitterwerk der Zweige.

Doch nur wenige Tiere verlassen ihren Bau. Gewiß, manche mit wechselwarmer Körpertemperatur (S. 78) bewegen sich, völlig erstarrt, bis zum Frühjahr nicht mehr, bis die Sonne die Luft und ihren Körper wieder erwärmt. In hohlen Bäumen (oder auf den Kirchenböden der benachbarten Dörfer, die sie aufgesucht haben) schlafen kopfabwärts reihenweise Fledermäuse, ebensotief wie Siebenschläfer und Haselmaus (diese zur Kugel zusammengerollt) in ihrer Unterkunft. Aber die andern?

Der Dachs (15 kg bei 87 cm Länge), in der Dämmerung oder in der Nacht tätig, schläft im Winter viel in seinem tiefen Erdbau mit zahlreichen Gängen und Ausgängen. Aber er wacht häufig auf.

Der Alpenschneehase verbringt die Nächte in einem Loch, das er in den Schnee wühlt, oder in einem von Murmeltieren verlassenen Erdbau. Im Winter ist er bis auf die schwarzen Ohrenspitzen weiß.

Die Dachse schlummern, leben von ihrem Fett und warten auf einen Sonnenstrahl, um einen Ausgang zu wagen.

Doch vielleicht halten Spuren auf einer Schneedecke im späten Januar euer Interesse wach, weil sie an die der Hauskatze im Schlamm oder Schnee eines Hofes oder Gartens erinnern. Es sind tatsächlich die Spuren einer Katze: der Wildkatze *Felis silvester* (S. 62), deren Paarungszeit im Monat Februar beginnt und sich bis zum Juni hinzieht.

Hirsche und Rehe leben den Winter über in Rudeln, gut geschützt durch ein längeres, dichteres Fell. Hirsche fressen die Rinde der entlaubten Bäume, vor allem die der Rotbuche. Die Rehe stampfen am frühen Vormittag manchmal lange Zeit rund um die Brombeerbüsche auf Lichtungen.

Die Säugetiere, die im Winter im Wald am besten „in Form" sind, werden wohl die Füchse sein, die sich im Monat Januar paaren, und die Wildschweine, die den Boden aufbrechen, um Larven, Mäuse und Wurzeln zu suchen.

Wildschweine im Winter

Der Schnee bedeckt Feld und Wald. In den Alleen wie auf den Pfaden und an den Waldrändern zeigt sich morgens die Arbeit der Wildschweine schon von weitem; schwarz hebt sie sich vom weißen Boden ab: die Wildschweine haben tiefe Löcher in den Boden gewühlt, um ein paar Wurzeln zu finden.

Wenn im Herbst die Eichen mit Früchten beladen sind, die Buchen viel Eckern und die Eßkastanien Maronen getragen haben, steht im Winter alles gut für die Wildschweine: sie graben die Früchte am Fuß der Bäume und aus den Verstecken der Nagetiere aus. Feld- und Waldmaus selbst sind dabei auch fette Leckerbissen.

Aber wenn die Früchte nicht im Überfluß gefallen sind, wenn die Schneedecke zu dick ist, dann wird das Leben hart. Wenn das Wasser im Wald knapp wird, muß man das Eis zerbrechen, um an die Tümpel und Teiche darunter zu gelangen. Um eine Zwiebel, eine Knolle, einen Wurzelstock oder auch nur Würmer und Insekten auszugraben, wühlt das Wildschwein tief in der gefrorenen Erde. Dazu benutzt es seinen recht widerstandsfähigen Rüssel.

Das starke und listige Wildschwein bewegt sich unglaublich schnell. Von Zeit zu Zeit schöpft es Atem und vermag dann, wenn nötig, überaus weite Strecken zurückzulegen. Außerdem kann es von einem Bezirk zum andern, von einem Wald zum nächsten, vom Hochwald zum Dickicht alle Möglichkeiten des Unterschlupfs und der Ernährung für sich nutzen. Ein äußerst feiner Geruchssinn, ausgezeichnetes Gehör, große Widerstandsfähigkeit und guter Appetit auf die verschiedensten Nahrungsmöglichkeiten tragen zu seinem Überleben selbst dort bei, wo andere Säugetiere nicht dazu in der Lage wären.

Die an den Wald stoßenden Felder sind abgeerntet, doch manchmal bewahren die Bauern in „Mieten" (Haufen aus Erde und Stroh) Kartoffeln und Rüben auf, und das „Schwarzwild" findet auch dort sein Fressen und verschwindet wieder. Wenn der Bauer am Morgen die Spuren der Wildschweine untersucht, nachdem sie es sich die Nacht hindurch gütlich getan haben, sind die Tiere vielleicht schon 30, 40 km entfernt. Doch das sind eher Streifzüge als Wanderungen. Zweifellos können sie dank diesen Streifzügen bestehen – trotz der Härte des Winters und der unerbittlichen Jagd, die der Mensch auf diesen gelegentlichen Verwüster seiner Ernten in manchen Ländern macht; und der Mensch schätzt einen Wildschweinbraten hoch.

Aber leicht lassen sich die Tiere nicht erlegen. Sie benutzen verschiedene Wege, um ihre Fährten zu verwischen, sie brechen Hindernisse nieder mit Rüsselschlägen und der dahinter stehenden Kraft von Wildtieren, die oft bis zu 200 kg wiegen. Sie sind sehr mutig, stellen sich der Gefahr und kämpfen bis zum Tod. Ein Wildschwein, das von einem Hund angegriffen wird, kann diesem mit seinen Hauern den Bauch völlig aufschlitzen.

Während der Maulwurf in seinem unterirdischen Bau, vor allem in der laubtapezierten Schlafkammer durch den Hügel lockerer Erde, der hier und da aus dem Schnee der Wiese hervorragt, gut gegen Frost isoliert ist, hat sich der Hase in den tiefsten Teil seiner Grube gesetzt.

In Gegenden der Ebene und der Mittelgebirge hat der Hase nicht die Möglichkeit, sich dem Schnee anzupassen, wie es der Alpenschneehase kann, dessen Fell im Winter – bis auf die schwarzen Ohrenspitzen – ganz weiß ist. Von den Waldtieren, von denen wir schon gesprochen haben, hüllt sich jetzt ein kleines Raubtier in sein Winterkleid: das Große Wiesel oder Hermelin wird ganz weiß bis auf die schwarze Schwanzspitze. Das heimliche und nächtliche Mauswiesel bekommt in unsern Ländern kein Winterkleid, sondern muß sich darauf einstellen, seinen Verfolgern durch rasche Flucht zu entkommen. Aber seltsamerweise bekommt dieses kleine Tier in den Hochalpen und in Nordeuropa im Winter ebenfalls ein weißes Fell – nur ohne schwarze Schwanzspitze.

Die Fährte von Meister Reineke im Schnee, wo Wurzeln von Bäumen und Gräser zu Tage treten. Die Fährte ist ein ganzes Bilderrätsel.

Im Winter legt das Schwarzwild, vor allem die „Keiler", eine besondere Kleidung an: unter den dichten Borsten bildet sich ein Flaum von feinem, wolligem Haar. Auf Widerrist und Rücken verlängern sich die Borsten zu einem mähnenartigen Kamm, der sich bei wütenden Tieren sträubt. Manche Tiere sind von fast schwarzer Farbe, was den Namen „Schwarzwild" rechtfertigt, doch meist sind sie von bräunlichem Dunkelgrau mit helleren Flecken. Wieder andere behalten das ganze Leben lang den rötlichen Schimmer ihrer Jugend. Die Weibchen oder „Bachen" haben im Winter dichteres Fell, jedoch gleiche Färbung.

Im Winter paaren sich die Wildschweine. Von November an herrscht eine gewisse Erregung unter den Rudeln. Sie ergreift vor allem die erwachsenen Keiler im Alter von $2^1/_2$ Jahren an, aber auch die großen Einzelgänger von 8 bis 10 Jahren, die sich nun den Bachen nähern. Die Keiler schlagen sich um die Bachen, und die Kämpfe sind in den Dezembernächten oft schrecklich.

Der Kopf der Männchen mit den kräftigen Kiefern trägt gefährliche Waffen: die Eckzähne des Oberkiefers, „Gehau" genannt, und die des Unterkiefers, das „Gewehr". Die spitzen und geraden unteren Eckzähne können bei einem besonders starken Keiler von über 4 Jahren bis 25 cm lang werden. Bei älteren Einzelgängern können sie sich über das Gehau krümmen. Dann sind die Waffen des Keilers nicht mehr ganz so gefährlich.

Nach dem dröhnenden Kampf flieht der Besiegte blutend davon. Der Sieger wird eine gewisse Zeit mit der Bache und den Jungen des vorherigen Jahres leben, die man „heurige Frischlinge" nennt. In dieser Zeit ist der Keiler Herr und Verteidiger des kleinen, von der Bache geführten Rudels. Er bildet die Nachhut und läuft bei allen Märschen am Ende. Doch Ende Januar verschwindet er und sucht wieder seine einsame „Burg" in einem Dickicht auf oder kehrt zu seinen umherstreifenden Gewohnheiten zurück. Einen guten Monat später hat er wieder Fett angesetzt und Kräfte gewonnen, indem er Wurzeln und junge Hasen und, wenn er sie fand, Nattern und Ottern gefressen hat.

Fünf Monate dauert es, bis die Bache wieder wirft. Wenn die Zeit gekommen ist, bereitet sie in ihrem Farndickicht eine Unterkunft aus Moos und Gras vor, wo sie 3 bis 12 Frischlinge wirft. Diese lebhaften Jungen, mit längs laufenden roten und grauen Bändern gestreift, saugen gierig. Die Mutter wird häufig von einer alten Bache bei der Aufzucht unterstützt, die eine Art Ziehmutter abgibt. Es ist den Jägern natürlich verboten, auf die kleinen gestreiften Frischlinge und ihre Mutter zu schießen.

Für das Vogelvolk ist das Leben hart. Die Meise muß sich immer wieder mühen, eine winzige Spinnenlarve aus einer vom Frost verhärteten Rinde zu ziehen. Manchmal sieht man an den Waldrändern kleine Gruppen von Spatzen mit aufgeplustertem Gefieder dicht an dicht zusammen auf einem Zweig sitzen. Sie kämpfen gegen den Frost, um die innere Körpertemperatur einigermaßen normal zu halten, wenn die Luft besonders kalt ist. Indem sie ihr Gefieder aufplustern, legen sie zwischen die Außenwelt und ihren Körper eine schützende Luftschicht. Doch das beste Mittel, sich zu erwärmen, ist immer noch, eine Nahrung aufzunehmen, die die notwendige Menge von Kalorien zuführt. Um so besser also, wenn man in den Gärten der Dorfhäuser und der Sommerhäuser in der Nähe der Wälder Beerensträucher gepflanzt hat: Mehlbeeren, Ebereschen, Efeu, Kotoneaster, Mahonien, Feuerdorn ... deren Futter das der natürlichen Habitate vermehrt. Um so besser auch, wenn man im Försterhaus und in den Häusern eines nahen Dorfes daran gedacht hat, für die Vögel Talgkufchen zu gießen.

Manche Waldvögel kommen bis auf die Fensterbretter, und es macht Freude, die Tiere von der Nähe beobachten zu können, die an die Vogelfutterstellen kommen: Rotkehlchen, Finken, Grünlinge, Gimpel, verschiedene Meisen, Kleiber, Buntspechte, je nach den Gegenden sogar Zeisige und manche Grasmücken. Von Staren, Drosseln, Amseln, Sperlingen und Krähen, die immer hungrig sind und lärmen, gar nicht zu reden.

Aber was kann man für die scheuen Vögel tun? Wenn ihr es versteht, euch überzeugend und zugleich liebenswürdig zu benehmen, wird es gut sein, diesen oder jenen Eigentümer von Wiesen oder Feldern in der Nachbarschaft der Wälder zu bitten, euch zu erlauben, auf seinem Land Kehricht aus der Scheune, angefaulte Birnen und Äpfel, Gemüseabfälle und Fette auszulegen: was übrigens, wenn es sich zersetzt, einen guten Dünger abgibt. Euch liegt sicher viel daran, die Vielfalt der Vögel unserer Wälder zu erhalten und zu sehen, wie sie sich dort ernähren und sich sogar zu einem guten natürlichen Gleichgewicht vermehren, und deshalb achtet ihr darauf, daß ihre Habitate nicht zerstört oder beschmutzt werden.

Bauen wir Nistkästen, die man jedoch mindestens einen Monat vor dem bekannten Datum des Nestbaus im Wald aufhängen muß. Die Forstbeamten und die Vogelwarten sagen euch, für welche Vogelarten man sich in einem bestimmten Gebiet besonders einsetzen muß, damit sich ihre Bevölkerungsdichte erhöht (die Stare beispielsweise sollte man nicht noch unterstützen). Und nun an die Arbeit!

Vögel haben

Die Rabenkrähen versammeln sich im Winter truppweise. Belauert diese, die auf dem Ast eines abgestorbenen Baumes sitzt, vielleicht ein Aas auf der gefrorenen Erde am Waldrand?

Früchte und Körner werden knapp, verschwinden ganz. Insekten gibt es kaum, die Larven sind versteckt. Das ist die Zeit, wo sich das geflügelte Volk auf alles stürzt, was einigermaßen verdaulich ist, und sich häufig den menschlichen Behausungen nähert.

Wir können ihnen helfen, die harte Jahreszeit zu überstehen. Ohne besonderen Aufwand könnt ihr euern Schützlingen Futter reichen, in dem jeder einen Bissen nach seinem Geschmack findet. Die Basis: Fett und Körner.

Hunger . . .

Das Fett: Margarine, Schmalz, Speckstreifen, Rindertalg, Hammelfett ... Der Schlachter wird euch billig Fettabfälle geben, die ihr einschmelzen könnt.

Die Körner: Hanfsamen, Hirse, Hafer und andere gestoßene Getreidearten, Bruchreis, Kerne von Kürbis, Melone, Sonnenblume ... Gebt sie in das geschmolzene Fett, dazu kleine Wildfrüchte, die ihr zu den günstigen Zeiten gesammelt habt und für diesen Zweck getrocknet habt: Vogelbeeren für alle Vögel, Holunder für Grasmücken, Rotschwänze und Zaunkönige, Schlehen für die Drosseln, Ligusterbeeren für die Gimpel ...

Laßt die Mischung in einer Form fest werden. Wenn es eine Kuchenform ist, bekommt ihr ein Brot, das ihr in Scheiben schneiden könnt. Ist es ein Joghurtbecher, so zieht einen Draht durch die Masse, an dem ihr den Futterblock in einem Baum aufhängen könnt, nachdem ihr ihn aus dem Becher herausgenommen habt.

Viele kleine Vögel mögen eine einfache Mischung aus Rindertalg und Kleie zu gleichen Teilen gern.

Bringt das Futter möglichst so an, daß es vor Nagern geschützt ist. Wenn es ganz am Ende eines besonders dünnen Zweiges aufgehängt wird, kann es eine Ratte nicht abfressen, und keine wildernde Katze wird die Eingeladenen dort überraschen. Das Futter ist nur von den Vögeln zu erreichen, die fliegend daran picken oder sich unmittelbar daran festklammern.

Vögel leiden auch Durst, vor allen an Frosttagen. Stellt ihnen kleine Tränken, alte Blumenuntersetzer, Schüsseln, an geschützte Stellen. Ein dicker Stein, mitten ins Wasser gelegt, das ihr häufig erneuert, erlaubt ihnen, wenn er über die Wasseroberfläche ragt, sich hinzusetzen und leicht zu trinken.

Ein winterlicher Nestbauer und ein winterlicher Besucher

Ein Vogel, der mitten im Winter brütet, das scheint unglaublich. Und doch ist es wahr. Ornithologen, d. h. Naturwissenschaftler, die Vögel studieren, haben häufig entdeckt, daß junge Fichtenkreuzschnäbel Ende Januar nach Schneefällen im Nest piepen.

Das Nest des Fichtenkreuzschnabels befindet sich mehrere Meter über dem Erdboden auf einem Nadelbaum. Es ist aus kleinen Zweigen und Flechten gebaut und innen mit Grashalmen und feinen Wurzeln gepolstert. Das Weibchen brütet drei bis vier Eier, die nach 14 Tagen schlüpfen.

Die Vögel, auch diejenigen, die selbst Körnerfresser sind, füttern ihre Jungen überwiegend mit Insekten, da die Kleinen lebende tierische Nahrung brauchen, um zu wachsen. Der Fichtenkreuzschnabel bildet eine Ausnahme von dieser Regel. Das Futter der Jungen besteht immer aus einem Brei von Koniferensamen. Der Vogel ist also gut für frühe Bruten geeignet, die manchmal sogar im Winter stattfinden, wenn Insekten und Larven noch knapp sind. Die meisten Bruten und die zweiten Bruten finden jedoch im Frühjahr statt.

Die Fichtenkreuzschnäbel sind in den bergigen Gegenden unseres Landes heimisch und leben in Nadelwäldern. Doch in gewissen Jahren sind sie so zahlreich, daß große Scharen in die Ebenen kommen. Dann sieht man sie sogar in den Parks der Großstädte. Solche Invasionen unternehmen auch die im Norden und Nordosten Europas lebenden Kiefern- und Bindenkreuzschnäbel, die bis Westfrankreich, Österreich, Ungarn und Süddeutschland gelangen.

Der Fichtenkreuzschnabel ist leicht an seinem erstaunlichen Schnabel zu erkennen. Ober- und Unterschnabel kreuzen sich so, daß der Vogel besonders gut in der Lage ist, die Samen aus Tannen- und Fichtenzapfen herauszuziehen. Die Männchen sind ziegelrot mit braunen Flügeln und ebensolchem Schwanz und heben sich stark von den dunkelgraugrünen Weibchen ab. Durch ihre Silhouette und ihre Art, sich an die reifen Zapfen zu hängen, erinnern die Fichtenkreuzschnäbel an Papageien. Die Jungen haben zuerst gerade Schnäbel – das ist praktischer für die Schnabelfütterung –, die im Alter von 3 bis 4 Wochen anfangen, sich übereinanderzukrümmen.

Der Zeisig ist ein Teilzieher und erscheint, vor allem aus Skandinavien, im Winter selbst in den Gebieten Süddeutschlands und Frankreichs, wo man ihm im Sommer kaum begegnet. Man findet ihn dann an bewaldeten Teich- und Flußufern und in Nadelwäldern. Wenn die kahlen Erlen noch ihre runden Zapfen in schwarzen Trauben tragen, erscheinen die Zeisige in kleinen Trupps von sechs, sieben Vögeln, manchmal auch mehr, und schälen die Zapfen. Wenn sie Erlen auch allem andern vorziehen, so verschmähen sie doch die Tannen nicht und nehmen auch die Samenkörner krautiger Pflanzen.

Der Zeisig ähnelt einem kleinen Kanarienvogel. Sein Rücken ist gelblich grün, der Schwanz gelb und schwarz, der Schnabel länger und spitzer als beim Kanarienvogel. Der Scheitel des Männchens ist schwarz, der des Weibchens graugrün. Der Zeisig hat in den Niederlanden gebrütet, für Frankreich ist es noch nicht bewiesen. Doch als Wintervogel erscheint er dort häufig.

Der Zeisig hat jährlich ein bis zwei Bruten in einem sehr sorgfältig auf dem hohen Ast einer Fichte erbauten Nest. Die 4 bis 6 Eier, die das Weibchen ausbrütet, während es vom Männchen gefüttert wird, ähneln denen des Stieglitzes, bläulich, kastanienbraun getüpfelt. Anscheinend tapeziert der Zeisig sein Nest innen mit Spinnenkokons.

Der Waldkauz verschmilzt mit seiner Umgebung. Sein getüpfeltes und gestricheltes Gefieder harmoniert mit der Färbung der Stämme und Äste, auf denen Flechten wachsen. In der Dämmerung nimmt kein Mensch ihn wahr, wie er da lauernd im Wald sitzt.

Die Nagetiere sind ein gefundenes Fressen für die Raubvögel. Feld- und Waldmäuse wagen sich tatsächlich manchmal aus ihren Erdbauten, in denen sie lange Stunden verschlafen. Der Sperber, der im Winter nicht so weite Jagdzüge unternimmt und sich an den Waldrändern aufhält, um hier mehr als einen Sperlingsvogel zu erwischen, läßt diese Wagemutigen nicht davonkommen.

Und wenn die Nager ihren Ausgang auf eine spätere Stunde verschieben, macht der Steinkauz Jagd auf sie. Er packt sie zu den Vorräten, die er in verlassenen Spechtlöchern anlegt, denn er will den Winter behaglich verbringen: Kaum hat das neue Jahr angefangen, da ruft das Männchen mit seinen „Hu! Hu! Hu!" nach dem Weibchen. Die beiden paaren sich von Januar an, und das Weibchen legt bald darauf Eier.

Der Winter vergeht, der Schnee taut, und der Frost hört auf. Und eines Tages rufen die Wildgänse und die Kraniche hoch am Himmel. Diese Zugvögel kehren in die nordischen Steppen und Tundren zurück, wo sie nisten; einige brüten auch noch in Norddeutschland.

Mitte Februar schilpen überall die Sperlinge, und die Amseln hüpfen schnell, glücklich, daß sie nun schon mehr Larven finden. In der Morgendämmerung ruft am Waldrand und auf Lichtungen der Fuchs noch nach einem Weibchen … In der Abenddämmerung singt eine Drossel auf der Spitze einer Eiche die ersten drei Töne ihres Liedes. Die länglichen Glocken des Schneeglöckchens begrüßen die grünen Spitzen der Zwiebelgewächse, die sich durch das welke Laub schieben … Es scheint, als ob die Kätzchen fröstelten.

Dann spürt endlich auch der Fink, daß der Frühling naht und die Not ein Ende hat: als erster unter den Waldvögeln stimmt er sein Liebeslied an.

Die Borkenkäfer Kunsthandwerker

Das kleine Schneeglöckchen verdient seinen Namen wirklich. Seine Zwiebel hat schnell eine häutige Scheide, zwei grüne Blätter und in der Achse des zweiten Blattes einen Blütenstengel von über 10 cm hervorgebracht.

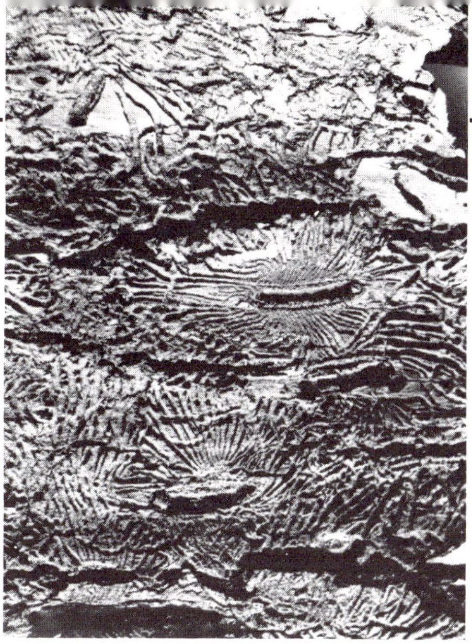

Zahlreiche Insekten legen ihre Eier unter die Rinde von Bäumen, und ihre Larven entwickeln sich, indem sie diese Rinde oder das Holz fressen. Das sind Xylophagen, Holzfresser (*xylos:* Holz; *phagein:* fressen). Viele sind Schädlinge, die die Bäume, die sie befallen, schwächen und entwerten, vor allem Nadelbäume und dabei insbesondere Fichten. Manche Borkenkäfer beschränken sich völlig auf gefällte oder gefallene Bäume, auf trockenes oder verwesendes Holz, auf Baumstümpfe. Ihr werdet erstaunliche Entdeckungen machen, wenn ihr Rindenstücke von toten Ästen und Bäumen abhebt. Denn die Gänge, die die Larven bohren, bilden oft seltsame Muster, besonders die des Buchdruckers, eines kleinen Käfers, der überwiegend Fichten angreift. Er mißt 4 bis 5 mm.

Das Männchen durchbohrt die Rinde und höhlt dahinter eine Hochzeitskammer aus. Von hier aus legt das Weibchen einen geradlinigen Tunnel unter die Rinde, in dem sie ihre Eier ablegt. Von dort aus gräbt sich jede Larve nach dem Ausschlüpfen einen eigenen Gang etwa senkrecht zu dem der Mutter. Die Gänge verlaufen zunächst parallel, entfernen sich dann voneinander, krümmen sich und werden breiter, je mehr die Larven wachsen. Daraus entsteht ein seltsam symmetrisches Ornament, das man für das Werk eines phantasiereichen Graveurs halten könnte.

Wenn ihr ein Stück Rinde mit einer oder mehreren solcher Gravierungen findet, dann bürstet sie vorsichtig ab, damit die Gänge besser hervortreten, und hebt sie auf als Andenken an eure Waldspaziergänge. Aber ihr könnt auch Äste finden, die sich, wenn ihr sie entrindet, als nach allen Richtungen von Xylophagen zerfressen erweisen. Ihr könnt daraus einen Spazierstock machen, der seltsame Ornamente trägt.

Der Fasan

Man zählt nicht weniger als dreißig Unterarten des Fasans (*Phasianus colchicus*), der aus den Gebieten südlich des Kaukasus stammt und als Wild in den größten Teil Europas und Nordamerikas eingeführt worden ist.

Es kann euch geschehen, daß ihr in Wäldern der Ebene, von bestellten Feldern umgeben, den grellen Doppelruf des Fasanenmännchens vernehmt, wahre Trompetenstöße ... und dann seht ihr ihn – allein oder in kurzer Entfernung von zwei, drei Fasanenhennen gefolgt –, wie er eine Schneise überquert. Der Vogel mit metallisch schimmerndem Gefieder, halbmondförmig schwarz gefleckt, sieht prächtig aus mit dem langen Schwanz, dem glänzenden Dunkelgrün von Kopf und Hals, das von den scharlachroten Hautlappen („Rosen") über den Augen noch hervorgehoben wird. Die gelblichbraune Henne ist weit bescheidener. Die Kücken schlüpfen nach einer Brutzeit von 25 Tagen. Die 6 bis 8 Eier werden oft unter einen Dornbusch gelegt.

Auf Waldlichtungen und Feldern seht ihr die Fasanen nach Körnern und Insekten picken. Sie laufen rasch, fliegen aber ungeschickt. Die Nacht verbringen sie „aufgebaumt" auf Ästen.

Diese Waldmäuse überwintern nicht wirklich, denn ihre innere Körpertemperatur sinkt niemals. Sie begnügen sich damit, lange Zeitabschnitte in ihren Erdgängen zu ruhen, wenn der Frost hart ist. Sie schlafen und fressen von ihren Vorräten.

Rustikale Korbmacherei

Werkzeug: eine Gartenschere und ein Stecheisen (oder Pfriem). Letzteres dient dazu, die bereits geflochtene Reihe auseinanderzuschieben, um neue Ruten einzustecken, ferner dazu, die senkrechten Ruten zu durchbohren und die Flechtreihen bei der Arbeit zusammenzuschieben.

Vorbereitung: wenn die Ruten der Waldrebe sehr trocken sind, laßt sie vorher zwei Stunden weichen. Wenn sie frisch geschnitten sind, genügt eine Viertelstunde.

Material: sucht die stärksten Zweige aus, gleichmäßig dick, die ihr aufrechtstehend und als Speichen des Bodens benutzt. Die geschmeidigen Ruten, so lang wie möglich, nehmt ihr zum Durchflechten.

Verfahren: arbeitet nur mit feuchten Ruten, sonst brechen sie. Jedesmal, wenn eine Rute bricht, schneidet man das Ende von dem eingeflochtenen Teil schräg ab, macht es naß und schiebt es in das bereits Geflochtene.
Die Ersatzrute (und ebenso jede neue Rute) wird schräg abgeschnitten und so tief wie möglich an dem *vorhergehenden* aufsteigenden Holz entlanggeschoben.
Wenn eines dieser Hölzer bricht, legt man eine neue Rute daneben, die man schräg schneidet, um das Einschieben zu erleichtern.
Habt ein Becken bereit, das groß genug ist, die als Ring zusammengerollten Zweige und selbst die ganze Flechtarbeit darin zu weichen, wenn ihr sie beiseite legen mußtet und sie dabei trocken geworden ist.

FLECHTARTEN

◆ *Einfache* Art: man arbeitet mit einer einfachen spiraligen Rute auf einer *ungeraden* Zahl von radialen Ruten. Die Rute läuft vor der ersten aufsteigenden, hinter der zweiten, vor der dritten aufsteigenden Rute vorbei und so fort.

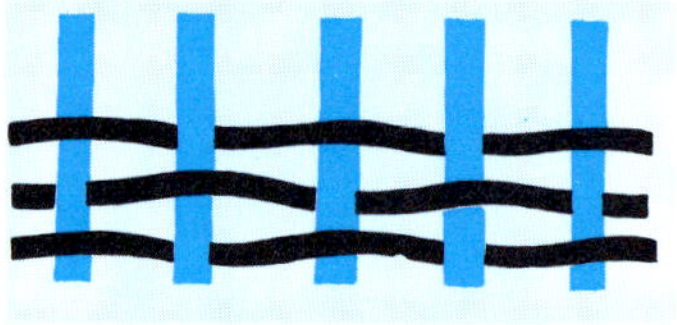

◆ *Doppelte* Art: man arbeitet mit zwei spiraligen Ruten und einer geraden Zahl von radialen. Die erste spiralige Rute läuft hinter A vorbei und kehrt zwischen A und B zurück. Die zweite spiralige Rute läuft vor A vorbei, kreuzt die Spiralrute 1, indem sie darüberläuft, geht hinter B vorbei und kehrt zwischen B und C zurück nach vorn. Die spiralige Rute 1 läuft nun vor B entlang, kreuzt Spiralrute 2, indem sie darüberläuft, geht hinter C vorbei und kehrt zwischen C und D nach vorn zurück. Und so fort. Jedesmal, wenn die spiralige Rute nach vorn kommt, zieht sie fest nach unten, damit die Arbeit schön dicht wird.

Teilen: nach vier Touren der doppelten Art teilt das Kreuz in achtmal 2 Radialruten. Jeder „Schlag" der Spiralrute drückt jetzt zwei Radialruten zusammen. Arbeitet sauber und flach noch vier Touren. Dann nehmt die letzte Teilung vor, so daß jede Radialrute für sich steht. Jetzt überquert jeder „Schlag" nur noch eine einzige Radialrute.

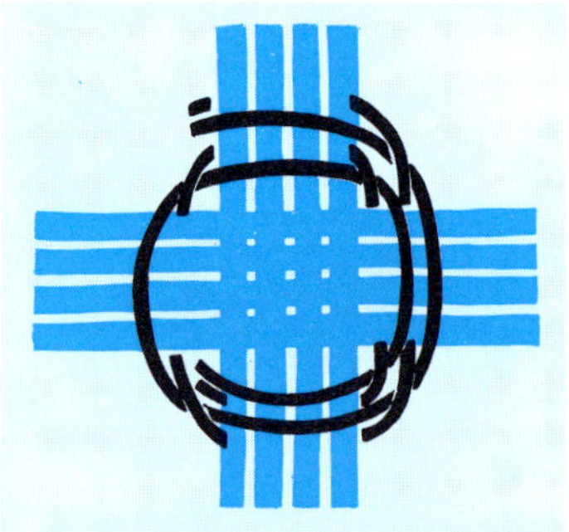

Technik des Bodens: nehmt 8 Ruten von 15 bis 20 cm Länge. Legt sie kreuzförmig, vier Ruten in jeder Richtung. Das gibt also 16 Strahlen in vier Vierergruppen. Faltet eine feste, geschmeidige Spiralrute in der Mitte zu einer Schlinge. Legt diese Schlinge auf einen Arm des Kreuzes und haltet sie dort mit dem Daumen fest. Arbeitet auf die doppelte Art von links nach rechts. Jeder „Schlag" läuft über 4 radiale Ruten. Drückt die spiralige Rute fest zusammen, damit sie nicht wegrutschen kann. Die Knoten an den Zweigen stören ein wenig. Helft euch mit dem Pfriem, um die Arbeit auszugleichen. Wenn es zu viele „Löcher" gibt, stopft ihr sie nachher mit dünnen Ruten zu, wie man's beim Strümpfestopfen macht.

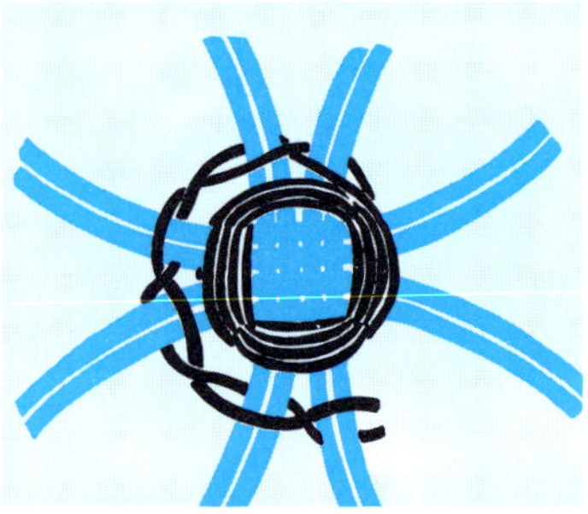

Technik des Körpers: laßt 16 aufsteigende (radiale) Ruten von der gleichen Dicke wie die Bodenruten, jede etwa 40 cm lang, weichen. Gleicht mit der Schere die etwa vorstehenden von den 16 Bodenruten aus, dann schiebt ihr die

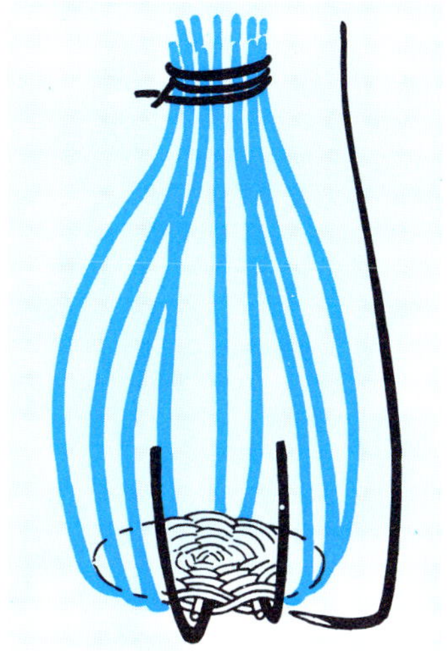

16 aufsteigenden Ruten möglichst tief eine nach der andern neben den Bodenruten ein. Nun müßt ihr sie aufrichten. Dazu stecht ihr jede einzelne mit dem Pfriem (oder Stecheisen) an. Stecht ziemlich tief, aber ohne durchzustechen. Dann richtet sie auf. Achtung! Biegt die Waldrebe niemals an einem Knoten, die Rute würde brechen.

Legt ein Gewicht auf den Boden (ein Weckglas voll Sand tut es gut). Bindet die Enden der aufgerichteten Ruten oben mit einer Schnur zusammen. Das Ganze ähnelt nun einem Käfig.

Arbeitet nach der einfachen Art (damit ihr eine ungerade Zahl habt, setzt eine aufsteigende Rute mehr ein) und drückt immer gut zusammen. Damit die Wände senkrecht werden, darf man die aufsteigenden Ruten oben nicht losbinden, das würde es nur erschweren. Drückt lieber mit dem Pfriem die Touren, die ihr schon geflochten habt, immer gut und gleichmäßig herunter.

Nun schneidet die zusätzliche aufsteigende Rute ab und arbeitet mehrere Zentimeter in doppelter Art nach oben. Vollendet das Ganze mit dem Rand oder auf die einfache Art, wenn euch der Rand zu schwierig erscheint. Dazu müßt ihr allerdings wieder eine aufsteigende Rute einfügen, um eine ungerade Zahl zu bekommen.

Die Zweige der Waldrebe, die wir geerntet haben (S. 81), sind zum Korb geworden.

Rand: laßt euern Korb kopfüber im Becken weichen, damit die Enden der aufsteigenden Ruten schön weich werden. Dann flechtet eine nach der andern unter die folgende aufsteigende Rute, schiebt sie vorn heraus, drückt fest zusammen und zieht das Ende kräftig an, wenn es vorn herausgeschoben worden ist. Schließlich feuchtet ihr jedes dieser nach vorn gezogenen Enden noch einmal an, biegt es und stecht es wieder nach innen.

Wenn alles trocken ist, schneidet ihr im Innern des Körbchens die Enden ab, an denen man hängen bleiben könnte.

Henkel: Die Basis des Henkels muß die Reihen unter dem Rand mit umfassen. Man braucht sehr lange und elastische Ruten, um sie spiralig über 3 Trägerruten zu wikkeln, die man einfach an zwei gegenüberliegenden Seiten des Korbes tief in das Geflecht schiebt.

Die erste Rute nimmt, indem sie sich um die Trägerruten windet, die Reihen unter dem Rand von der entgegengesetzten Seite aus wie in eine Zange und kommt an den Ausgangspunkt zurück, indem sie sich zwischen die beim vorigen Arbeitsgang gebildeten Windungen schiebt, ohne diese zu kreuzen. Mit diesem Hin und Zurück arbeitet man, bis die Trägerruten völlig bedeckt sind. Zugefügte Ruten müssen an den Basen des Henkels beginnen und enden.

MIT FEDERN

Auf euern Gängen durch den Wald habt ihr im Sommer und Herbst manche Vogelfeder gefunden. Einige davon, die besonders schön in Farbe und Zeichnung waren, sind schon zu ornamentalen Bildern verarbeitet worden.

Eine kleine Häherfeder, die abwechselnd blau, weiß und rötlich gefärbt, unter der Presse flach gepreßt und schließlich sorgfältig auf eine Glückwunschkarte geklebt worden ist, bildet einen originellen Schmuck.

Andere stecken im Band einer Kopfbedeckung. Jäger stecken sich häufig eine schöne Schwungfeder vom Flügel eines Fasans an den Hut. Ohne daß ihr den Vogel töten müßtet, könnt ihr euern Hut auf gleiche Weise mit einer zufällig gefundenen Feder schmükken.

Die Steuerfedern (Federn aus dem Schwanz) der Ringeltauben, am besten in einen Spalt am Ende der Pfeile zu euerm Bogen geschoben, läßt diese weniger abweichen und beim Flug nicht kippen. Und die Pfeile sind dann viel schöner.

Wenn ihr mehrere von mindestens 10 cm Länge gefunden habt, könnt ihr zu euerm Vergnügen Federball spielen, wozu man Geschicklichkeit und Augenmaß braucht. Als Federbälle benutzt ihr Kastanien, mit Federn besetzt. Dazu bohrt schräg nach innen 8 Löcher in den flachen Teil der Kastanie. Dahinein steckt 8 Federn, deren Kiele am Ende mit Leim bestrichen worden sind. Schneidet, wenn es sein muß, ein wenig von der Fahne der Federn ab, um sie auszugleichen, dann habt ihr einen Federball für den Notfall, den ihr leicht ersetzen könnt, wenn die Kastanie eines Tages platzt.

Wenn ihr keine bespannten Schläger habt, dann schneidet sie euch aus einem Stück Sperrholz zurecht, ähnlich wie die Pingpongschläger.

Schutz für die Nester

Ihr könnt den Vögeln bei der Fortpflanzung helfen, wenn ihr ihnen Nistkästen anbietet, in denen Nest und Brut gut vor Wetter und Feinden geschützt sind.

Der häufigste ist ein rechteckiger Kasten aus leichten Brettern, 25 bis 30 cm hoch, innen 10 bis 12 cm weit und mit einem Flugloch ausgestattet, das, 5 bis 6 cm unter dem Dach einen Durchmesser von 32 bis 34 mm hat. Ein größeres Flugloch zieht größere Vögel an, begünstigt aber vor allem die Invasion von Sperlingen in die Nistkästen.

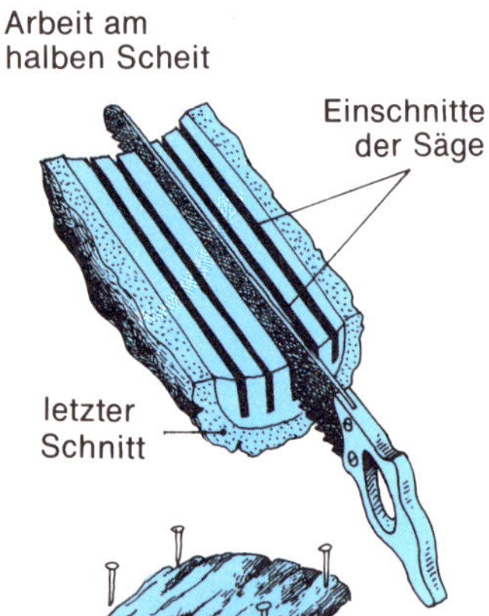

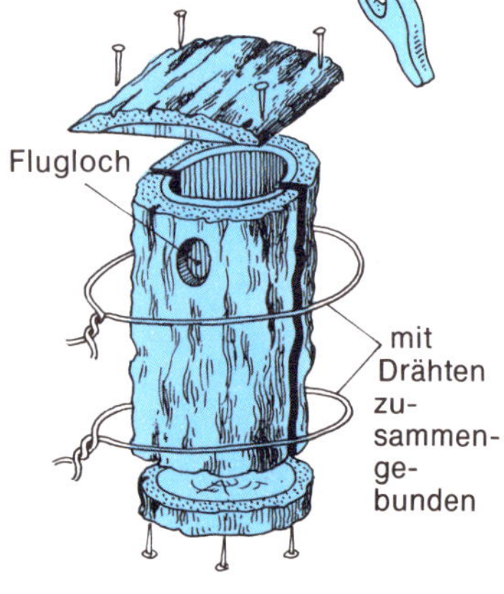

Der Nistkasten kann auch ein Birkenscheit oder ein halbes Scheit sein: ausgehöhlt, aber nicht entrindet. Die Maße können denen des oben genannten Kastens entsprechen. Ihr höhlt das Innere in der gewünschten Größe aus, wenn es verfault oder schwammig wird und deshalb leicht auszuräumen ist. Wenn nicht, ist es am besten, das Scheit der Länge nach durchzusägen und das Innere mit Stechbeitel oder Hohlmeißel abzutragen. Dazu kann man das Holz ansägen, um die Arbeit zu erleichtern. Laßt keine Splitter stehen. Macht das Innere mit einer Raspel oder mit grobem Sandpapier sauber. Dann braucht ihr die beiden Hälften nur noch mit zwei Drähten fest zusammenzubinden oder ein Brettchen senkrecht aufzunageln, wenn ihr das Haus halbrund haben wollt. Dann befestigt ihr Boden und Dach mit ein paar Nägeln, die dem Ganzen Halt verleihen.

Es ist gut, wenn man einen Teil beweglich anbringt, zum Beispiel das Dach. Dann kann man den Nistkasten immer für das nächste Jahr säubern, wenn die letzte Brut ausgeflogen ist.

Das leicht geneigte Dach sollte vorn und an den Seiten überstehen, damit das Flugloch vor Regen und manchen Räubern geschützt ist. Daß der Kasten wasserdicht ist, dafür müssen wir sorgen.

Bringt keinesfalls eine Sitzstange vor dem Flugloch an! Manche Nesträuber – Elstern, Krähen – würden von dort aus die Jungen packen.

Verseht den Boden des Nistkastens mit einer dünnen Schicht aus Sägemehl mit Sand gemischt.

Hängt den Kasten so auf, daß das Flugloch nach Südosten zeigt, und neigt ihn dabei ein klein wenig, so daß sich das Loch leicht der Sonne zuneigt.

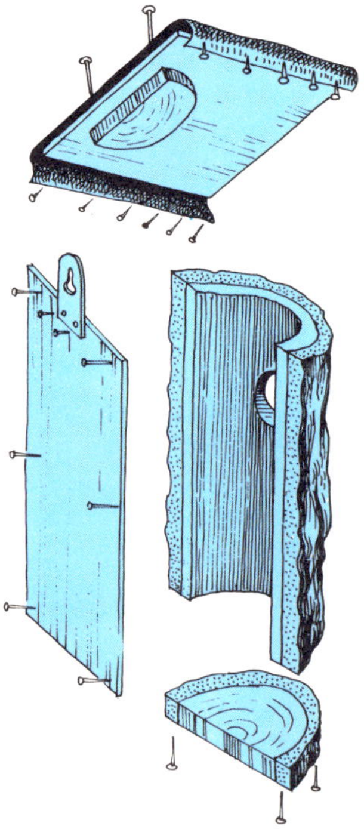

Diese einfache Unterkunft hängt ihr in einer Höhe von 2 bis 4,5 m fest an einen Baumstamm. Waldrand oder eine Lichtung eignen sich gut dazu.

Erstaunlicherweise dulden die meisten der kleinen Vögel, die jeden Eindringling der eigenen Art so eifersüchtig vertreiben, die Nachbarschaft von Nestern anderer Arten im Wald durchaus, wenn sie mindestens 20 m entfernt sind.

Wenn die Kästen im Herbst aufgehängt werden, haben die Vögel Zeit, sich an sie zu gewöhnen. Jedenfalls müssen sie vor dem Monat März an Ort und Stelle angebracht sein.

Sachregister

Die fetten Zahlen bezeichnen Abbildungen. Auf denselben Seiten steht oft ein Text über das gleiche Thema. Die anderen Zahlen beziehen sich auf Textstellen, bisweilen auch auf Bildunterschriften.

„entdecken, erkunden, experimentieren"

Solange Duflos
René Brandicourt

Die Wiese lebt

Streifzüge durch die Natur

112 Seiten mit 336 Abbildungen.
Bestellnummer 17562.

„Glücklich kann sich nennen, der aus seiner Jugend und aus eigener Anschauung weiß, daß eine Wiese voller Leben ist. Stadtkinder von heute kennen den Rasen im Park. Freilich, auch dort gibt es Leben und Lebewesen, aber einen Vergleich mit der echten Bauern- oder Waldwiese hält das Stück künstlicher Natur nicht aus. Wie intensiv die *richtige* Wiese lebt, hat der Herder-Verlag in einem neuartigen Buch vor allem für die interessierte Jugend zusammentragen lassen.
Im Wechsel der Jahreszeiten und des Wetters werden die Wiesenbewohner und die gelegentlichen Besucher aus dem Pflanzen- und Tierreich vorgestellt. Es wird um Verständnis geworben für die biologischen Zusammenhänge und für das notwendige Gleichgewicht in der Natur."

Südwest Presse, Ulm

„Dieses Buch kann ein Leitfaden für Eltern sein, damit sie Einblicke in das Geschehen in der Natur erhalten, um ihre Kinder sinnvoll und richtig mit der Wiese vertraut zu machen ... Dieses Buch kann dem Volksschullehrer zum gleichen Zweck dienlich sein. Dieses Buch kann außerdem ein Handbuch sein für den Naturkundelehrer, aus dem er vielfältigste Anregungen für einen lebendigen und abwechslungsreichen Unterricht beziehen kann. Dieses Buch kann auch eine amüsante und spannende Anleitung für Primar- und jüngere Mittelschüler bei Ausflügen auf die Wiese, an den Bach und zum Gebüsch sein, um die sich ihren Augen bietenden Erscheinungen und Geschehnisse in der Natur kennen und verstehen zu lernen. – Dieses Buch ist etwas vom Besten, Lebendigsten und Packendsten, was der Rezensent bisher auf diesem Gebiet gesehen hat."

Der kleine Bund, Bern

„Es wird gesammelt, geordnet, konserviert und fotografiert. Dazu gibt es wertvolle Tips, welche die Arbeiten sinnvoll machen. In gekonnter Weise werden spielerisches Tun und ernsthaftes, ja wissenschaftliches Arbeiten vereinigt. Die Forderungen der Umweltschützer erhalten durch dieses Buch zusätzliches Gewicht."

VJA, Hessen

„Ein ausgezeichnet gestaltetes und illustriertes Werk, das unseren jungen Lesern den ganzen Naturbereich Wiese aufhellt."

Arbeitskreis „Jugend und Buch", Detmold

„Der Leser wird eingeladen, Fauna und Flora der Wiese zu beobachten und zu begreifen, wie dort alles miteinander und voneinander lebt, damit das natürliche Gleichgewicht der Natur erhalten bleibt. Die Fülle der interessanten Informationen in Wort und Bild wird ergänzt durch viele konkrete Vorschläge zum selbständigen Entdecken, Erkunden und Experimentieren."

Rhein-Zeitung, Koblenz

Herder Freiburg · Basel · Wien

INHALT

Die zur Illustration dieses Werkes benutzten Fotos wurden uns zur Verfügung gestellt von:

Altlas-photo, S. 57, 93. Bavaria, S. 4. Bichet, S. 56. R. P. Bille, S. 39. R. Brandicourt, S. 5, 35, 45, 59, 60, 61, 64, 65, 68, 69, 70, 71, 86, 93, 95. J. C. Carton, S. 8, 22, 29. J. C. Chantelat, S. 4, 12, 52, 96. A. Charpentier, S. 24, 46, 48, 56, 61, 83, 85, 87. Daligaud, S. 78. G. Dhuit, S. 4, 41, 93. J. Douin, Einband und S. 46. M. Guillon, S. 49, 78, 80, 82, 92. INRA (OPIE à La Minière), S. 48, 49. Jacana: A. Ducrot, S. 4. Hallo, S. 89. C. und M. Moiton, S. 50, 57, P. Petit, S. 74, P. Pillard, S. 90. V. Rave, S. 39. B. Rebouleau, S. 90. E. Lempereur, S. 11, 21, 36, 59, 61, 75, 94, 95, 96. R. Maillard, S. 25. Ministère de l'Agriculture, S. 6, 11, 13, 64. R. H. Noailles, S. 24, 46, 49, 53, 78, 83. P. Normand, S. 2. Office du Bois, S. 11. D. Peslier, S. 3, 30, 33, 63, 81. Pitch: G. Abadie, S. 39, J. L. Chedal, S. 6, Hayon, S. 68, 87. Petzold, S. 48, 65, 73, P. Montoya, S. 37. M. Rapilliard, S. 37, 40. Rapho: Ifot/Bergman, S. 38, ZFA/Reinhardt, S. 89. Remy, S. 13, 61, 67, J. P. Bourret, S. 10, 21, 42, 43, 68, 86, A. Gouyon, S. 10, Y. Lanceau, S. 3, 5, 25, 27, 61, 62, 65, 66, 68, 78, 80, 85, 87. J. Six, S. 32, 41, 49, 50, 53, 54, 55, 56, 58, 67, 68, 77, 84, 86, 90, 92. A. Sloïmovici, S. 72, 73. M. Vandenbherghe, S. 42. J. Vial, S. 10, 22, 44, 46, 54, 57, 58, 66, 70, 74, 79, 82. Vloo: Bossard Einbandfoto, P. Charlon, S. 22, Collomb, S. 41, E. Helfner, S. 39, 40, 79, 88, J. L. Staincq, S. 25.

Entwurf von Jacques DOUIN
Zeichnungen von F. BERILLE, P. DESSON, J. DOUIN, K. HISEK

Die französische Originalausgabe erschien unter dem Titel ***Dans le bois*** bei Hatier, Paris

DEUTSCH VON JUTTA UND THEODOR KNUST

Printed in Germany

Herstellung: Freiburger Graphische Betriebe 1978
ISBN 3-451-18048-0